是不是霸凌，誰說了算？

直擊 50+ 教育現場實況，
給第一線親師的防制霸凌實踐指南

校園霸凌防制研究先驅
陳利銘、薛秀宜——著

好評推薦

「專業實務兼具」：很敬佩有恆心與毅力探究影響人一輩子的霸凌議題的研究者，教職生涯邁入而立之年，欣見持續踏實研究霸凌議題十餘年的優秀學長教授伉儷出書。

「友善校園必備」：這本書周延地呈現霸凌探究的多元面向，幫助希望建構友善安全、適教宜學的教育情境的親師生，思辨生命教育的「人學探索」，啟發人際智慧與實踐三好之道。

「三好品格實踐」：透過閱讀，親師生能理解與思辨隱微複雜的各類霸凌事件中，相關人員的心理機轉，進而啟發仁心、實踐尊重，大器培育能「做好事」、「說好話」、「存好心」的跨文化溝通與合作的全球公民。

「零霸凌好學園」：我是高雄市立大仁國民中學校長方靜慧，衷心爲您推薦一一二學年度開學友善校園週，值得各級學校閱讀的《是不是霸凌，誰說了算？》一書，一起用閱讀力與思辨力涵養親師生零霸凌的超能力！

——**方靜慧**／高雄市大仁國中校長

《是不是霸凌，誰說了算？》一書，由陳利銘與薛秀宜老師合作編寫，透過從認識霸凌、辨識霸凌、理解霸凌心態，到處理與家長的溝通、防制和輔導等內容，還特別加入教師霸凌的專題篇章，全方位深入探索校園霸凌議題。

在每個章節中，兩位作者皆以校園生活情境爲切入點，引導讀者細緻觀察，使模糊的校園霸凌界線更加清晰。書中提供了教師、學生、家長以及學校管理者所需的實用判準與建議，爲實現友善校園環境提供了實際的指引。這本書超越了傳統的指南，更是一份對友善與尊重的承諾，無論您是關心孩子成長，還是關注校園環境的關愛者，這本書將成爲您不可或缺的指南和良伴。

——**王佳琪**／高雄師範大學教育學系助理教授

「老師，他們笑我功課差、運動神經也不好，分組時都沒人要和我同組……」每當教學現場出現弱勢孩子的悲鳴時，相信無論老師或家長，心中一定警報驟響。是霸凌？還是玩笑開過頭？又該怎麼處理？腦海中的焦慮與擔憂接二連三浮現。

所幸這本由校園霸凌防制研究先驅陳利銘、薛秀宜老師撰寫的最新著作，直擊了近五十起教育現場的實況，帶我們一同認識霸凌的定義、理解霸凌的心態。書中也提供了有效的防制與輔導策略，相信閱讀過此書的你我，將更有能力創造美好的校園環境給我們的孩子。

——**羊羊老師**／羊羊老師の魔法教室創辦人

這本書很誠懇的檢視教育現場，對於處理及預防霸凌仍有許多不足之處，包括教師不願意通報、處理能力闕如、預防效果不彰等，並建議多聆聽及同理雙方，也就是成爲「創傷知情學校」，越過行爲表象，理解學生的困境，看見孩子的內在需求，才有可能解決問題。此外，本書也直視教師霸凌議題，點出某些教師其實已經做出傷害學生的行爲卻缺乏自覺，或是沒能防微杜漸導致事態惡化，都須發展正向管教的能力，避免以威權心態管教學生，才能雙贏。

——**張萍**／財團法人人本教育文教基金會校安中心主任

透過這本書，我們對於霸凌的界定、霸凌的行爲，有了更清楚的了解。更重要的是我們能夠洞悉霸凌者的心態，從中給予同理與提前防制，以及對於被霸凌者給予更適切的輔導及協助，相當值得一讀！

——**蘇明進**／國小教師、親職作家

阿德勒說：所有煩惱，都是源自人際關係的煩惱。傅柯說：權力無所不在，在監獄及學校尤然。霸凌是一種權力不對等的人際關係，在人類這群居動物的歷史上，早已恣意書寫揮灑；被霸凌似乎是每個人成長過程充分條件，更像那屢屢爬出心口的陰影，讓我們的人生更加困難無力……。

心碎無痕，回憶卻更痛苦！除了任由傷口蔓延擴散，終是難以癒合……，除了等待時間療傷，還有什麼方法讓我們重新振作？欣聞利銘秀宜寫出防制霸凌實踐指南，讓理論與實務能對話能溝通能實用，讓個體能察覺能阻隔能自信的安身立命，根深茁壯。

隨著靈命的成熟，我們逐漸看清楚並且接受每一個靈魂都有殘缺，也敢直視自己那些該上前卻退縮的怯懦，也給自己和他人一點喘息一點修正的可能，人生用來體驗而非用來演繹完美的！人靜、物簡，心安，歲月淺淺，餘生漫漫，讓友善的文化成為空氣的成分，讓霸凌不在學校的人際關係中翻篇繼續……。

——**游麗蓉**／台中市北區中華國小校長

近幾年來，雖然校園霸凌，受到社會大量地關注，但是對於大多數的人而言，對校園霸凌的內涵幾乎一無所知。過去，霸凌的研究也多數在學術界討論，鮮少有書籍作爲一個橋樑，將學術的實證知識，用簡單易懂的語言傳達給社會大眾。本書作者，陳利銘與薛秀宜老師做到了。兩位老師是臺灣校園霸凌學術研究的翹楚，卻能用深入淺出的文字與故事，來逐步的說明校園霸凌的科學知識，將霸凌的觀念逐一澄清，化解社會大眾對於校園霸凌常見的誤解。我極力推薦此書，並且深信本書對於民眾認識校園霸凌議題，進而推動臺灣校園霸凌政策與預防，有顯著的貢獻。

——**陳季康**／香港中文大學社會工作學系副教授暨研究學部主任

霸凌，幾乎每個人都會經歷過的議題。既然人生某個時刻，會跟霸凌不期而遇，不如先做好研究跟準備，傷害來了，可是我們可以保護自己。

——**陳雪如**／作家、心理諮商師

推薦序

又來了！動不動就發生霸凌，是怎樣？

——陳志恆／諮商心理師、暢銷作家

有一位現職老師告訴我，近來校園霸凌事件日增，學生之間動不動就霸凌來、霸凌去；有時是互相排擠，有時則是在網路上開戰，處理起來實在累人。

你可能也很想問：爲什麼霸凌事件愈來愈多，難道現在的孩子比較惡劣嗎？

會不會，這類霸凌情事早已存在許久，只是現今更被重視，人人具備霸凌意識，過去沒被揭露的事件一一浮上檯面。當然也有可能，現在「霸凌」一詞大家喊得響亮，也不小心被誤用或濫用了。

事實上，不是每一件人際衝突或攻擊行爲，都會被認定爲霸凌。教育部對於校園霸凌有一定的定義，必須符合「持續性」、「侵害行爲」、「故意行爲」及「造成損害」等要件。然而，即使如此，要判定是否爲校園霸凌，仍然有許多模糊空間，即使由學校所設的「校園霸凌防制小組」調查認定，也有可能誤判。

期盼已久，這本《是不是霸凌，誰說了算？》終於問世，可做爲師長在介入處理校園霸凌事件時的實用指引。書裡一開頭，就釐清各種關於霸凌的誤解，透過案例說明，幫助教育人員與家長更清楚何謂校園霸凌。

其中，讓家長或老師最頭痛的，常是分不清楚「霸凌」和「玩鬧」有何區別？常常甲方說是開玩笑，乙方說對方霸凌我；或者雙方本來在嬉鬧，玩過頭後爆發肢體衝突，這樣到底算不算霸凌呢？

書裡用六個判斷指標來說明如何區分霸凌及玩鬧，包括意圖、傷害行爲、友誼關係、相互性、可制止性和持續性，只要仔細觀察，就能清楚區辨。

書裡也提到，我們多半會把帶頭攻擊那個人當做霸凌者，而事實上，霸凌者其實包括霸凌者（bullies）、隨從者（assistant）和吆喝者（reinforcer），這三者都是廣義的霸凌者，但行爲樣態不同，需負的責任和應受到的懲處也會不同。

另外，我常被家長問到：「爲什麼是我的孩子？」也就是，孩子在學校沒惹到誰，卻莫名其妙被霸凌了。有些人確實是受霸凌的高風險者，而有些孩子，則眞的莫名成爲箭靶。所以，我們需要進一步理解霸凌的原因，像是：爲了好玩、爲了教訓對方、爲了社會地位或利益、嫉妒、不合群、有樣學樣等。

正因爲事出必有因，在處理霸凌行爲時，去調查及探討成因很重要。更重要的是，要與霸凌者好好討論，理解其內心的想法與感受，而不只是告誡或懲處就算了。懲罰有可能帶來更多的報復，而出現下一波的霸凌。

我常在網路上看到家長們討論霸凌問題，不少人說，他們會教導孩子，如果受到霸凌，就要打回去，才不會被認爲好欺負。這樣的觀點常令我擔心，因爲以暴制暴並不能解決問題。我們確實要教孩子如何保護自己，如何堅定表達，以及如何尋求協助，但除非正當防衛，回手還擊通常只會讓問題愈演愈烈。

那麼，為了避免孩子成為受凌者，或者孩子遭遇霸凌危險，該如何協助孩子呢？在此一書中，作者也列出有實證根據的策略，提供讀者參考。

這本書的問世很及時，裡頭更有一個章節談到關於「教師霸凌」的議題。有時管教和霸凌就只有一線之隔，而師生之間的權力關係不對等，某些管教行為一不慎就成了霸凌。

本書作者長期投入校園霸凌相關研究，除了參考國外文獻外，更匯集來自教育現場第一手的觀察資料，進而撰寫成書。除了釐清觀念外，還告訴你防制校園霸凌，怎麼做比較有效，怎麼做有害無益，值得關心此議題的教育人員和家長深入研讀。

推薦序

霸凌不能以法律觀點來看待

——鄭若瑟／善意溝通修復協會常務理事、
中國醫藥大學附設醫院精神科顧問醫師

我們的校園長期以來有兩大痛：霸凌和自傷、自殺。根據國民健康署一〇七年發布針對六十所國中五千七百多位學生的調查，過去三十天曾受霸凌的比例有六％，過去一年曾經想過自殺的比例二四．八％，曾嘗試自殺高達九．五％，校園的霸凌與自殺問題遠比我們想像中嚴重。英國國會兒少政策白皮書報告五〇％的成人心理健康問題在十五歲以前，七五％在十八歲以前就已經開始。許多長期追蹤的研究發現，無論是被霸凌者或是霸凌行爲人，成年之後都大幅增加焦慮、憂鬱、自殺、嚴重精神病、暴力、反社會人格、犯罪等風險。

從一位精神科醫師的立場來看，霸凌只是冰山的一角，霸凌與其他情緒行爲問題如憂鬱、自傷、自殺、物質濫用等都有相當重疊性，這些皆會嚴重影響學生的心理健康及人格發展。然而霸凌並非突然間發生，往往從小衝突慢慢演變醞釀到成爲霸凌，這中間經歷相當的互動與因應過程，是孩子們情緒行爲以及因應能力的議題，不能夠以單純的違規行爲來看待，也不是處罰就可以解決，我們需要對這個現象有更深入的了解與探討，才有可能找到比較有效的介入和改善方案。

本書作者陳利銘、薛秀宜在霸凌的議題有相當多年的實務與研究經驗，而書名《是不是霸凌，誰說了算？》更是點出目前對於霸凌認識的一些盲點。本書提供了從不同的角度來認識霸凌，釐清了相當多過去模糊的觀念，配合很多案例，讓讀者更容易了解一些抽象的定義和霸凌者、受凌者的心理反應。本書也特別點出教師和家長在處理霸凌問題一些無效的方式如：約家長出來談判、讓孩子打回去或學武術等，因爲霸凌的型態已經愈來愈多樣化、網路化。

國際上不同的霸凌介入方案，其核心的元素皆是強化孩子的同理心，本書具體的建議採用傾聽、同理、善意溝通（非暴力溝通）、修復式正義等比較有效的處理方式，正是國際上常用的方法。因爲如此會幫助行爲人眞誠地承擔責任，修補傷害和關係，最終能助於建立安全和諧的校園環境，這才是我們處理霸凌的最終目的。「處罰是著重過去，教育更重視未來」霸凌不能以法律觀點，而是需要以教育的觀點來看待。相信這本書將成爲教師、家長以及教育行政人員相當有用的參考書。

推薦序

防制校園霸凌是重要的健康議題

——顏正芳／高雄醫學大學醫學系教授暨精神科主治醫師

身爲兒童青少年精神科醫師，我在臨床上接觸過非常多因爲校園霸凌受害而影響身心健康的兒童青少年，而且這負面影響常常會延續至成年，導致對於人際互動警戒不安、對於自己欠缺信心、精神健康嚴重受損。近年來出現一些以校園霸凌的受害者在成年後進行復仇的戲劇，頗受觀衆歡迎。觀衆隨著主角精心策畫的復仇歷程而情緒起伏，最後看到霸凌施暴者付出代價時大聲叫好，但大多數的觀衆不曾思考：自己能在減少校園霸凌這件事上有何作爲？這種無奈感，除了是因爲自己已經成年、離開校園霸凌的情境，還有很大原因是因爲：不知道自己能做什麼、該怎麼做？這樣的無奈感不只存在於一般社會大眾，連許多校園教師和精神健康臨床工作者都有類似感受。

個人認爲，陳利銘老師和薛秀宜老師的這本新作的貢獻在於：協助教師提升對於校園霸凌的基本了解，進而成長了第一線即刻處理、以及與學生和家長溝通霸凌事件、防範再次發生的能力，讓許多教師不再因爲霸凌事件的多變性和多發性而感到無所適從。而且能從這本書受益的，顯然不只是教師，還有更多的家長和臨床工作者。我在臨床上常常和家長討論：您覺得自己的孩子受到霸凌，但該如何和教育單位進行溝通？從生態學觀點來看，孩子的校園霸凌經驗是個體、學校、家庭、社會等多重環境互動的結果，家長要想能有所作爲，必須了解校園體制是如何運行、如何使用共同語言來和學校溝通合作，而這本書提供家長所需要的知識。對於臨床精神健康工作者來說，由於受訓背景的差異，並不是每位醫師、心理師、社工師都具備能力來合適地協助孩子和家長處理霸凌經驗，或是協助老師評估霸凌受害和施暴者的精神健康狀態，而陳老師和薛老師的這本新作，可讓所有可能接觸到校園霸凌受害和施暴者的臨床工作者，都能具備能力來協助孩子和家長，不致延誤介入的時機。

校園霸凌不只存在於戲劇，也存在我們的日常生活中。我由衷推薦這本書給關心下一代的所有人閱讀，希望讓校園霸凌對孩子的傷害，不再是戲劇裡成年主角綿長的仇恨。

推薦序

爲孩子發揮愛與道德勇氣

——何曉琪／靜宜大學師資培育中心助理教授

當知道利銘學長與秀宜學姐卽將出版校園霸凌防制的專書時，腦中自然浮現了那一句周星馳電影裡的經典台詞：「對您的景仰有如滔滔江水連綿不絕，又如黃河氾濫一發不可收拾。」

二〇一〇年利銘學長帶著我們幾個研究生，一起參與校園霸凌的研究，那時在台灣的學術界對此研究還不多見，而如何界定霸凌的定義是該計畫的重點之一。學長帶著我們分析由學生與教師以文字填答的問卷，以扎根理論進行資料分析。簡單的說，我們要將九百多份文字問卷進行編碼歸類，這是一個耗時間、耗眼力的工作，當我們淹沒在文字海，想著爲什麼暑假要在這裡時，學長會不厭其煩的提醒大家思考「學生間的玩笑、打鬧就是霸凌嗎？」玩笑、打鬧可以是同學、朋友間的互動樣態之一，但若加入惡意、頻率、權力不對等，也可能衍生霸凌行爲。學長要提醒我們的是，要以教育脈絡、多元觀點、人性的角度來看待嚴肅的議題。

這些年學長與學姐鑽研許多以校園霸凌爲主題的研究，包含不同角色觀點、量表工具、輔導策略、修復式正義等，並且陸續發表了許多學術研究的文章，這一本書《是不是霸凌，誰說了算？》是結合理論與實務的武功密笈，書中每一個篇章以教育現場案例作爲引言，導出校園霸凌定義、理解霸凌心態、親師溝通與協力、防制與輔導等主題的實務建議與因應策略。特別是防制與輔導、教師霸凌篇這兩個主題，能夠作爲教育現場的教師校園霸凌處置的參考依據，以及自我精進的素材。

身爲師培中心的老師，在相關課程中會進行議題的討論，我會利用新聞事件、社會心理學實驗的結果，來引導學生了解校園霸凌的定義、成因、不同角色間的影響等等，但進行這個單元時，班級的氣氛總是有些落寞與無奈的，因爲面對校園霸凌，重要的是如何防制、霸凌事件發生後如何進行各種不同關係人的輔導。這本書讓我們在校園霸凌事件處理辦法、鼓勵發揮教育愛與道德勇氣的精神喊話之外，提供現場教師、師資生等教育相關人員，對於校園霸凌防制與因應策略的具體參考架構。

相信這本書的出版會爲教育現場帶來許多啟示與實務價值，未來課堂上討論這個議題時，我會多加一句：「你看過《是不是霸凌，誰說了算？》這本書嗎？」

作者序

面對校園霸凌不再束手無策

校園霸凌的發生，對學校教師來說，其實相當頭痛；對家長來說，也相當憂心。而教師及家長們的共同困擾，就是不知道該如何面對霸凌者及受凌者，不知道有什麼有效的策略可供參考。縱使關於霸凌的學術論著相當多，但多數難以閱讀，亦無法針對教師及家長常見的困擾進行解惑。也就是說，教師及家長對於如何因應校園霸凌，具有實務上的需求，但卻缺乏有實證研究支持且通俗易讀的大眾書籍，此爲本書的寫作緣起之一。

其次，人本教育札記向作者邀稿，連續六期撰寫關於校園霸凌的介紹，頗受好評。這些回饋給予作者相當的信心及肯定，在學術論著之外，能以通俗易讀的大眾文章寫作方式，來傳達霸凌防制的概念。因此，作者希望能以淺顯易懂的寫作方式，來出版一本供教師及家長參閱的霸凌防制書籍，以協助創造更友善的校園環境，此爲本書的寫作緣起之二。

本書的結構分爲六大部分，包括認識校園霸凌、辨識霸凌行爲、理解霸凌心態、面對家長——溝通與協力、防制與輔導，另附一個特別篇：管教與霸凌的一線之間——教師霸凌。由於未有專論針對霸凌辨識進行剖析，本書所納入的〈辨識霸凌行爲〉章節，爲市面上第一本專論如何區辨霸凌及相關概念的書籍。

本書的〈面對家長——溝通與協力〉一章，在促進與家長的溝通，與家長協力解決校園霸凌困境。教師及家長面對霸凌常束手無策，不知道什麼策略比較有效，本書的〈防制與輔導〉章節，針對教師及家長可採用的有效防制與輔導策略進行介紹。另外，教師霸凌（師對生）是相當敏感卻又眞實存在的現象，但不少老師會困惑：難道嚴管嚴教都會被認爲教師霸凌嗎？本書的特別篇〈管教與霸凌的一線之間——教師霸凌〉爲市面上少見的論述，可提升教師及家長對教師霸凌的認識。

本書的出版，首先要感謝親子天下主編及編輯群的賞識及協助；其次要感謝教育部與科技部多年來提供的計畫經費支持，讓作者能持續研究並累積更多研究成果；第三，要感謝國立中山大學、國立高雄科技大學所提供的良好學術環境，讓作者得以安心研究與寫作；最後，要感謝每一位讀者，因爲愈多人認識校園霸凌，就能爲其防制增添更多心力。

目錄

Ch 1 認識校園霸凌

Ch 2 辨識霸凌行爲

Ch 3 理解霸凌心態

Ch 4 面對家長——溝通與協力

Ch 5

防制與輔導篇

特別篇——管教與霸凌的一線之間——教師霸凌

CHAPTER

1

認識校園霸凌

「霸凌」一詞常被誤用，
事實上霸凌有其定義，
而是否構成霸凌需要透過調查與判定。

01

「校園霸凌防制小組」的調查與判定

小茶在學校常會被同學欺負，例如漂白水潑在桌椅上，書包被丟到廁所，幾乎天天被言語騷擾與譏笑……

他覺得很難過，回家後跟父母訴苦，父母卻說：「你就打回去啊，不然就離他們遠一點。」

他決定跟老師報告，老師卻說：「一個巴掌拍不響，你是不是也做錯什麼，你也要檢討自己！」

老師不受理，小茶則選擇向校方通報，學校卻回覆：「這算是同學間的嬉鬧，不過是玩過頭，只是偶發事件，不算霸凌！」

小茶受不了，質問霸凌者：「你爲什麼要霸凌我？」霸凌者回答：「我是看得起你才跟你玩，那不是霸凌。」

小茶不明白，「爲何我被欺負？爲什麼我日子這麼難過，而大家卻不認爲這算霸凌？那要怎麼樣才算是霸凌？」

霸凌事件愈來愈受到關注，除了教師之外，家長、同學對霸凌都開始具備足夠的敏感度，這對霸凌的覺察及防制來說，是好現象。但是，當不同的單位或對象的看法不一樣時——如家長說是霸凌，教師說不是；同學說是霸凌，但當事人說不是；孩子說是霸凌，學校說不是霸凌……，到底誰說了算？

我們舉個例子來說明。例如學校接到家長通報，說孩子在操場被撞倒受傷，一定是被霸凌；但老師及同學卻都認爲，那應該是玩的時候不小心撞到。試問：「這是不是霸凌？家長的擔憂不該被重視嗎？」

再舉一個例子，班上有個孩子A生，喜歡惡搞同學，例如拉頭髮、藏鉛筆盒、推打追鬧，同學們都覺得他很煩，並覺得被他霸凌。但A生卻說，同學常言語怒罵他，他在班上被排擠，沒有朋友，A生說他才是受凌者。試問：「到底誰被霸凌？又該由誰說了算？」

霸凌的誤解與誤用

首先，我們要談「霸凌」一詞被誤用的狀況，新聞媒體上可看見許多例子。例如：大貨車霸凌小客車、大國霸凌小國、狗群霸凌一隻貓、官員霸凌小民、警察霸凌機車騎士……等。可以發現霸凌不但常被誤用，甚至有被濫用的現象。當不論發生什麼事，都先套上「霸凌」一詞，希望老師、學校可以好好處理。此時就會發生觀點落差的問題。

其次，學術研究上，不同對象或不同觀點所調查出來的霸凌盛行率，其實落差不小，一致性相當低。例如說，教師提名的涉入霸凌者，與學生自陳的涉入霸凌狀況，結果相當不一致；同學提名的涉入霸凌者，與學生自陳的涉入霸凌狀況，一致性也不高；校長知覺校內霸凌的狀況，與教師知覺的校園霸凌狀況，也有落差。就此而言，不同角色所測量出來的霸凌情況，本來就有差異，僅僅只是呈現出調查現況的不同管道。以學術上來說，不過就是以多種角度來呈現，並了解可能的霸凌情況，並不能證明哪一種調查比較「準確」。

霸凌的判定有嚴格規定

是不是霸凌，要經過「防制校園霸凌因應小組」（二〇二三年下半年的校園霸凌防制準則修訂，更名為「校園霸凌防制小組」，本書以下均稱為「校園霸凌防制小組」）的調查與判定。「校園霸凌防制小組」的成員包括校長或副校長、教師代表、學務人員、輔導人員、家長代表、學者專家或社會公正人士，在高級中等以上學校，小組成員還應有學生代表。通常經由調查小組調查後，提出調查報告，再由因應小組成員來審議，是不是屬於校園霸凌[1]。

判定時必須依教育部《校園霸凌防制準則》中的定義來進行，「指個人或集體持續以言語、文字、圖畫、符號、肢體動作、電子通訊、網際網路或其他方式，直接或間接對他人故意為貶抑、排擠、欺負、騷擾或戲弄等行為，使他人處於具有敵意或不友善環境，產生精神上、生理上或財產上之損害，或影響正常學習活動之進行。」

綜言之，霸凌一詞經常被誤用，並不是所有的學生衝突、師生衝突都可被稱爲霸凌。所以必須要讓家長及同學們了解「霸凌」有其定義，並不是由單方的說法就可界定某衝突是霸凌事件。而且，是不是校園霸凌，並不是由誰說了算，而是需由「校園霸凌防制小組」或學校依據調查結果來共同判定。

就前述小茶的案例，校方、教師、家長、霸凌者、受凌者的看法都不一樣，小茶與家長認爲那是霸凌事件，但校方、教師、霸凌者卻都認爲不是霸凌事件。十分符合前文所說——不同單位與不同對象對於霸凌的看法並不一致。最好的方法，就是依照教育部的定義，由學校或「校園霸凌防制小組」依據調查結果來進行共同判定，才能減少誤判的機會。

1 依現有的校園霸凌防制準則修正草案，會區分爲兩類：屬情節重大者，由防制小組依規定組成一部分或全部外聘委員的調查小組，報告完成後，由防制小組審議是否爲霸凌事件；非屬情節重大者，由學校直接派員調解與調查，製作簡要調查報告後，交由學校審議。相關規定請依二〇二三年下半年修訂通過之法規條文爲準。

02

不是身體受傷才算霸凌

小敏升上國一之後，對班上同學活潑過頭的氛圍有點不太能適應，例如替他人亂取不雅綽號，並以此爲樂。

小敏生氣地回應，希望他們不要再亂叫難聽的綽號了，同學們卻覺得小敏眞是大驚小怪，「明明就很多人都在叫綽號，爲什麼就妳不行」。小敏向導師反映，導師覺得這可能是同學在玩，並不以爲意，雖然在課堂上曾宣導不要亂取綽號，但看來成效不彰。小敏覺得很難過，也不懂「爲何同學可以自以爲是的嘲弄他人」，又「爲何同學可以對人亂罵三字經」、「爲何說自己不舒服卻被認爲是大驚小怪」……

小敏跟父母反映此事，父母擔心小敏被霸凌，於是通報學校。學校及導師開始嚴正處理此事，而同學之間卻開始有不同的聲音出現，如「大家在玩而已，爲什麼有人告密？」、「大小姐啦，開不起玩笑啦！」漸漸地，小敏遭部分同學疏遠及排擠。於是小敏更加難過，她哭著問：「是不是我做錯了什麼？」

霸凌調查開始進行，加害者們認爲那只是叫綽號，班上很多人都有綽號，不是針對小敏；旁觀者說，班上同學間的確常常叫綽號，但很多同學覺得沒什麼，被叫綽號的同學也不以爲意；小敏說，我不喜歡被叫難聽綽號，向同學及老師反映了也沒有用。

調查及審議的結果是「非爲霸凌事件」。小敏及父母相當不解，爲何被叫難聽綽號，不算是霸凌呢？父母非常失望，現在只想著要如何與小敏談談，如何與小敏來共同面對此事。

校園霸凌的判定，教育部在二〇二一年十二月公布的《校園霸凌防制準則Q&A》中，提出了霸凌判定的四大要件，分別是「持續、侵害樣態、故意行爲、損害結果」。簡言之，只要是發生了持續的故意傷害行爲或產生了持續的故意傷害後果，就算是校園霸凌。

損害結果是判斷要件之一

在此，我們要談的是「損害結果」，若依教育部的定義來看，對受凌者產生的傷害可以包括（但不限於）身體傷害、心理或精神傷害、財產傷害、影響學習、影響人際關係（使他人處於具有敵意或不友善環境）等。所以要留心下列狀況，以免出現誤判情形：

一、不是身體受傷才算霸凌。

有些霸凌者、教師或家長認爲身體又沒有受傷，就不算霸凌。這就是忽略了受凌者可能有心理傷害、財產傷害、影響學習、影響人際關係等可能性。

二、不是由身心科醫師的判定才算是心理傷害。

有些霸凌者、教師或家長認爲是否心理受創，要由身心科醫師出示證明。這就忽略了霸凌也可能涉及心理層面之外的影響，如財產傷害、影響學習、影響人際關係等。例如，使他人處於具有敵意或不友善環境，也算是傷害後果，並不需要身心科醫師出示證明。

三、損壞別人的作品或成果，也可能造成身心受創的損害結果。

有些霸凌者、教師或家長認爲弄壞別人的作品或成果（如弄濕畫作、刪除論文、撞壞實作物、實驗數據被改……等），只有物品受損，賠錢就好，並不算是造成身心受創的霸凌，但卻忽略了霸凌也可能涉及財產傷害、影響學習等層面。

四、告誡同學不要和某同學在一起，也有可能是霸凌。

有些霸凌者、教師或家長認爲告誡同學不要理會或靠近某同學……等等，並不算是霸凌。然而這忽略了霸凌也可能涉及「使他人處於具有敵意或不友善環境」。因此，讓同學被排擠、影響其人際關係的話，也算是霸凌。

五、戲弄同學只是在玩，也有可能是霸凌。

有些霸凌者、教師或家長認爲戲弄，充其量只算同學間的惡搞行爲，那是同學間鬧著玩罷了。然而，卻可能忽略了戲弄行爲，亦被清楚明列於教育部校園霸凌定義的行爲類別之中。

只要有攻擊行爲，建議從寬認定

另外，依是否有攻擊行爲及身心受創，可以區分出四個象限，如下表所示：

	有攻擊行爲	沒有攻擊行爲
有身心受創	霸凌	玻璃心／掩飾
沒有身心受創	否認／不知道	無

針對有攻擊行爲、有身心受創，若是重複發生，則屬於霸凌，應無疑義。這裡要

討論的是容易被誤判的幾類情況：

一、否認

首先要討論的是有攻擊行爲、沒有身心受創的「否認」。若經旁人指出加害者已有攻擊行爲出現，但受害者卻說沒事，就要釐清「受害者是否眞的沒事」，還是「只有口頭否認」。

若受害者是怕麻煩、怕被報復、怕事情升級、怕被父母知道、怕去醫院看醫生……等，而表示沒事，而學校據此判定爲非霸凌事件，如此就可能會有誤判的情況。因爲，受害者說沒事、否認身心受創，將使加害者的攻擊行爲遭致忽略。因此，本文建議，採從寬認定，以保護潛在受害者，只要有攻擊行爲（如聯合師生排擠該生），縱使潛在受害者說沒事，也應認定爲霸凌，因爲已使該生「處於具有敵意或不友善環境」之中。

二、不知道

若已有攻擊行爲出現，但受害者不知道。例如在網路上被罵，但受害者渾然不知；又例如便當內被加「料」，但受害者不知道；醜照或裸照在網路上被公開，但受害者被蒙在鼓裡；成立反某生群組，但受害者不知道……等。

若因爲受害者不知情，所以沒有身心受創，於是不算霸凌，那麼這就算是誤判了。因爲，忽略了加害者的攻擊行爲。因此，本文建議，採從寬認定，以保護潛在受害者，只要察覺已有攻擊行爲出現，縱使潛在受害者當下不知道，也應認定爲霸凌，因爲已使該生「處於具有敵意或不友善環境」之中。

三、玻璃心

沒有事實上的攻擊行爲，而受害者卻緊咬說被霸凌，例如，學生說「我都沒有朋友，我被霸凌了」，這可能是該學生人際關係不佳，還算不上是霸凌。但無法排除眞的是被排擠，因此仍需進一步詳細調查。

另一種可能是旁觀者及加害者雙方都說沒事、沒有攻擊行爲，並究責於受害者身上，認爲是受害者自己太玻璃心，卻忽略了受害者身心受創的狀況。這種情況下其他同學通常會認爲是受害者想太多、太敏感、太玻璃心。因此，最好的方法，就是重新確認是否眞的有故意傷害行爲。

四、掩飾

受害者一口咬定有攻擊行爲，疑似加害者卻否認，堅持沒有攻擊行爲，加上沒有任何旁觀者在場指證的話，若採用疑似加害者說法，也就是接受了沒有攻擊行爲的宣稱（掩飾），這也有可能造成誤判。

事實上，曾有學校發生過，加害者否認有攻擊行爲，受害者堅持遭到攻擊身心受創，因爲雙方說法不一，而被學校判定爲非屬霸凌事件。這可能就是接受了加害者掩飾說法的影響，而造成了學校的誤判。

以小敏案例來進行分析，重複地故意叫小敏難聽綽號，事實上就是「故意傷害行爲」，因爲：

1. 直接對他人「故意」叫綽號。
2. 重複持續的叫綽號。
3. 叫綽號屬於貶抑或戲弄行為，而貶抑與戲弄行為均屬於教育部明訂的霸凌行為樣態。
4. 使小敏處於敵意或不友善環境，並對小敏造成精神及心理上的不適感。

加上多位同學共同為之，經反映後仍無改善。因此，小敏案例實屬於霸凌事件。只是同學及導師的不以為意，覺得那沒什麼，並覺得小敏太玻璃心，使得此案例被誤判為：非為霸凌事件。

03

明辨加害者的惡意本質

小張是位內向的高職生，在一段十二秒的影片中，小張被同學打了七拳。學校教官得知此事後，約談雙方當事人，對方堅稱是在玩，小張也認爲那是在玩。但事實上小張明顯挨打。小張的家長當然氣憤不已，而對方家長也願意登門道歉。

後來家長帶小張去看身心科，在診間，小張才和盤托出，原來在十個月前，小洪對小張潑水，使得小洪被記過。此後，小張就經常被六位同學打或踢，幾乎天天發生。小張不敢對外張揚，因為害怕可能會被打得更慘，於是，也就順著他們的話語，說那只是在玩。但小張家長卻不認為那是在玩，學校也相當謹慎，於是立即召集「校園霸凌防制小組」會議來進行調查及審議。

在調查過程中，那六位同學均表示，只是在玩，平常就會打來打去，沒什麼大不了。小張自己也曾說過，那只是在玩，但有時候卻覺得好像是故意的。學校在判定時，「校園霸凌防制小組」中有成員產生疑惑：「是不是惡意，到底要由誰說了算？」

攻擊事件的發生，要釐清當事人的意圖，一般會詢問加害者及受害者。然而，這裡的爭議在於，要由加害者自陳的意圖來判定，還是要由受害者知覺到對方的意圖來判定？

判定霸凌事件要考量加害者意圖

有研究顯示，五五%學生認爲霸凌情境要有意圖才算是霸凌，這顯示了是否爲惡意，會是學生們判定霸凌的重要依據。另有學者建議，要判定霸凌事件，只要考量受凌者知覺意圖就好。然而，另有研究支持要以加害者的意圖來判定，敍述如下：

Thomas 等人以澳洲的學生及家長爲研究對象，以虛擬情境呈現，在控制勢力失衡及重複這兩個變項後，操作霸凌者意圖和受凌者知覺霸凌意圖，對界定霸凌的影響。意圖共有五大類情境：

1. 霸凌者惡意、受凌者知覺到加害者惡意（II組）
2. 霸凌者非惡意傷害、受凌者知覺到加害者惡意（NI組）
3. 霸凌者惡意、受凌者知覺到加害者非惡意（IN組）
4. 霸凌者非惡意傷害、受凌者知覺到加害者非惡意（NN組）
5. 控制組（C）：未陳述意圖，但有勢力失衡＋重複＋行爲

研究結果顯示，不論學生和家長，霸凌者惡意、受凌者知覺到加害者惡意（II組）被評爲霸凌的得分，高於NI組、IN組、NN組、C組。另外，不論學生和家長，C組、IN組被評爲霸凌的得分，顯著高於NI組。也就是說，對於什麼樣才算是霸凌，霸凌者的意圖較爲重要，遠高於受凌者知覺加害者意圖。

研究結果似乎以加害者意圖來判定較爲合理，但上述情境是以虛擬情境來呈現，而且在文字敘述中清楚標示了加害者具惡意，若推論到現實情境中則必須要小心。因爲，在現實生活中，加害者通常會說，「我不是故意的」、「我只是在玩」等合理化

藉口爲自己的行爲卸責。若是接受了霸凌者的合理化藉口，認爲非惡意，於是不算霸凌，將可能造成誤判。

惡意要由受害者及旁觀者敍述綜合判定

由於加害者的意圖是惡意或是不小心，不論是故意或過失，其實受害者及旁觀者內心都相當清楚，因此本文建議，所謂的惡意，要由受害者及旁觀者的敍述來綜合判定，才比較適合。

小張的案例中，雖然六位同學都說是在玩，沒有惡意。但小張幾乎天天被打。合理推測「那只是在玩」不過是加害者的合理化藉口，其攻擊行爲（天天打或踢）已隱含了惡意本質。就法律而言，所謂的「故意」就是明確知道會有什麼結果仍這樣做。例如六位同學知道打人會讓對方不舒服，仍選擇打人，這就是故意，而非以六位同學的說法來判定。而小張一開始也同意「那只是在玩」，主要是怕說出眞相將可能被打得更慘。若學校接受了「雙方都同意那只是在玩」的說法，就會誤判為非霸凌事件了。

小張在家長的支持下，後來在身心科診所說出被六位同學打了十個月的情況，因此，對小張來說，他們六人的行為，自然是惡意攻擊行為。其實，學校也可以徵詢旁觀同學，同學們對於是在玩，或是惡意攻擊，通常都很清楚。總之，六人的行為是惡意攻擊或是在玩，宜由受害者或旁觀同學的角度來判定較為合適，以免誤信加害者的合理化藉口而產生誤判。

04

霸凌行爲的「持續性」判定

小彬媽媽質疑念國小的孩子被霸凌，但學校卻認定爲非霸凌事件，於是小彬媽媽很生氣地召開了記者會，控訴學校的霸凌判定有問題。

小彬媽媽說，加害者拿著BB槍，射中小彬的眼窩；另有一次，加害者掐住了小彬的手腕，使得他破皮流血。但學校對加害者的處罰，卻只有愛校打掃三天。她很不滿地指控，孩子不斷地被傷害，對方卻只被罰打掃三天，因此希望對方能轉學。該校校長指出，兩件事件都屬實，確有發生傷害事件，但一次發生在六月，另一次發生在十二月，不符合校園霸凌定義中的「持續」要件，因此，並非霸凌行爲，而屬於偏差行爲。

依該校的輔導與管教辦法，就是處以愛校打掃三天，加上對方家長不同意轉學，因此無法要求對方轉學。小彬媽媽很失望，爲了保護孩子，便將小彬轉至他校就讀。

教育部的校園霸凌定義裡，有載明霸凌事件須要持續發生。持續性要件有助於區辨單次偶發事件與霸凌事件。例如在籃球場被同學用球打到頭，雖只發生一次，就堅稱自己遭到霸凌。事實上，這是只發生一次的單一事件，可能屬於校園衝突或攻擊行爲，如一方出拐子，另一方不爽用球砸他；或是意外事件，如一方傳球時不小心砸到頭，並不屬於霸凌事件。

以下針對「持續」的定義及誤用，進行討論。

一、持續的判定標準爲每個月二至三次以上或長時間

持續發生就是指被欺負的現象不止發生一次，在短期可能發生了兩次以上，對受害者造成持續式的傷害。若國一發生一次，到國三又發生一次，就不太可能判定是持續發生。那麼，持續發生的「期間」及「頻率」，到底該如何認定呢？以國外多數學者及WHO所採認的標準來看，是以「每個月發生二～三次以上」，即算是持續發生。另外，若是發生單次的糾衆凌虐事件，例如四人打一人持續了兩個小時，雖然只發生一次，但因爲是持續了兩個小時的凌虐事件，因此也可判定符合持續要件的霸凌事件。

二、網路霸凌只發生一次，但傷害卻持續。

若在網路發文辱罵，因爲只有一次，學校認定是單次事件，不算霸凌。但這樣的認定並未考慮到網路的特性，因爲網路是二十四小時供不特定人士上線觀看，雖然加害者只發了一次，因爲可能會不斷地轉貼分享，使得該文被不斷觀看，甚至旁人看到後也跟隨謾罵，受害者每次上網查看都會感到受傷害，由於網路這種特性，一次的貼文也會造成對受害者持續傷害。因此，建議網路霸凌行爲，只要發生一次就算是霸凌行爲。[2]

三、不同類型的霸凌都只發生一次，若在短期中也是霸凌。

曾聽聞有學校在處理霸凌事件，是以霸凌類型的頻率來算，例如，只發生一次肢體霸凌及一次言語霸凌，因爲是不同類型各發生一次，於是不被認定爲霸凌事件。這

2 依現有的校園霸凌防制準則修正草案的附件來看，在霸凌之外，又新增了一類一次性身心暴力行爲，兩者最主要的差別在於是否具持續性。若依修正草案來看，單次的身體暴力、單次的網路羞辱，亦構成一次性身心暴力行爲。相關規定請依二〇二三年下半年修訂通過之法規條文爲準。

樣判定其實並不合理，因爲霸凌行爲已屬「持續」發生，一次肢體霸凌及一次言語霸凌，就已發生兩次行爲了，若兩者是在一、兩個月內發生，那麼就屬於霸凌行爲。

四、調查單次事件，應主動擴及相關事件以釐清是否有持續狀況。

發生霸凌事件後，通報學校，學校組成校園霸凌防制小組，並責成調查小組進行調查。若只針對當次事件進行調查釐清，基本上只會是單次事件，就很容易被誤判爲非霸凌事件。因此，建議學校組成調查小組時，宜針對該次事件及相關事件進行全盤調查，以釐清是否有「持續」發生的狀況。

五、一對多的騷擾，積極調查可發現「持續」事實。

若是班上有白目學生，會分別騷擾不同的同學，例如，有四個同學被騷擾，因爲四個同學都只被騷擾一次，由受害者的角度來看，並不算是霸凌行爲。

不過由教育現場的經驗來看，這類的白目學生，對不同學生的騷擾，基本上不會只有一次，這類白目學生的騷擾行爲，通常對不同學生都會持續進行，只要積極調查，有可能會發現四個同學都被騷擾二～三次以上。由於校園霸凌防制準則中，將「騷擾」亦列入行爲範疇，因此，對不同學生的「持續」騷擾，就可構成霸凌行爲。

六、被班上同學重複叫綽號，若爲重複貶抑就屬於霸凌。

學生之間取綽號的行爲並不少見，例如冠捷被叫「罐頭」、維恩被叫「維尼」。如果沒有汙辱的意涵，而當事人也願意接受，就沒有所謂霸凌的問題。但若是有汙辱的意涵，例如美欣被叫「綠茶」（綠茶婊）、倬霖被叫「矬霖」；或是當事人不接受或表示不悅，例如較陰柔的蔡杰宇被叫「蔡妹妹」。這些「持續」叫綽號的例子，即是重複地貶抑他人，就屬於言語霸凌。

以前述小彬案件來看，學校說一次發生在六月，另一次事件在十二月，此情況的確不屬於每個月發生二～三次以上的頻率，因此，學校的「校園霸凌防制小組」判斷爲非屬霸凌事件，應屬合理。

然而，兩次事件都是屬於肢體傷害類，對小彬造成的傷害都屬明顯可見，但是否有其他隱匿而未被察覺的間接霸凌行爲，如言語攻擊、排擠、破壞友誼，則仍需由調查小組進行釐清。若是只有兩次肢體傷害事件，但間隔六個月，的確不屬於霸凌事件；若在兩次肢體傷害事件之外，另有未被師長覺察到的言語或關係霸凌行爲，那麼可能就屬於校園霸凌事件了。因此，「校園霸凌防制小組」如何調查並進行釐清，如何確認霸凌行爲的「持續性」，將會是判定校園霸凌是否成案的關鍵之一。

CHAPTER

2

辨識霸凌行爲

「霸凌」的行爲常被忽略，
認識各種形式的霸凌行爲，
才能及時發現與阻止。

05

受凌者反擊，不影響霸凌判定

小南是高一學生，有亞斯伯格症及情緒障礙，有時會發出怪聲，偶爾會情緒失控。對於部分同學們來說，小南是個有點麻煩的存在，好像要處處遷就他，同學們也不喜歡他。

有一天在上體育課的時候，小南被球不小心擊中，便開始情緒激動了起來，有一些同學見狀出言嘲諷，小南更加失控，隨手拿起身旁的掃把，作勢要揮打同學。小強看到頗感不爽，過去推了小南三下，小南想反擊，但卻被推倒在地，被同學幹譙。旁觀的同學，有人出聲制止，有人嘻笑，而這一幕都被同學用手機拍了下來，並在網路上爆料。網友們開始群起公審，這是「校園霸凌」、「欺負特殊生」、「先激怒特殊生再公審，根本就是霸凌！」

老師想了解發生了什麼，便開始詢問同學及當事人。

小南說：「有人拿球打我，而且言語霸凌我！」

小強說：「他拿掃把想打人，是小南先動手的，我只是反擊、保護大家。」

小南接著說：「是你推倒我，還打我，你亂講話。」

小強則回說：「同學都有看到，是你先拿掃把想打人，而且，當時你也有動手。」

對老師及校方來說，這個案例在判定上有點棘手，因爲小南的確拿掃把揮動作勢打人，而且，推擠時也有動手，看來是有反擊行爲，不是很確定這到底是校園霸凌或是同學鬥毆？

以上是新聞中的案例，發生的霸凌、被霸凌與被霸凌後反擊等一連串的過程，有人認爲因爲有反擊，應該屬於雙方鬥毆事件處理，但這幾件行爲應該分別待之。

被霸凌與反擊是兩件事

一、受凌後反擊，霸凌事實仍存在。

若霸凌是發生在弱勢族群，如身心障礙生、內向害羞學生身上，那麼，無力反抗的情況比較容易觀察到。若霸凌發生在其他特殊學生身上，如同志、跨性別者、外籍生、父母吸毒均入獄……等，這情況就變得較複雜並難以判斷。例如，父母吸毒均入獄的A生，被全班多數人看不起、被嘲笑、排擠，A生一生氣就會想反擊回嘴咒罵或作勢打人，若學校及老師認爲A生有攻擊行爲而視之爲霸凌者，或是認爲A生也有反擊所以不是被霸凌，都可能會造成誤判。因爲，以此例來說，A生被全班多數人看不起、被嘲笑、排擠，這就是霸凌，因此A生應屬於「反擊型的受凌者」，不能因爲A生有反擊行爲，而認定爲非受凌者。

二、受凌者有動手反擊，霸凌者也不可免責。

一般家長或老師可能會認爲：當事人有動手反擊，就不算是霸凌，算是鬥毆。但這種推論並不正確，例如A生在路上騎車，看了身旁的流氓學生一眼，結果被嗆聲並圍毆，A生爲了保護自己而回擊了兩拳。在法律上不能因爲A生回擊，所以流氓學生沒有犯下傷害罪，而且A生的反擊有可能屬於正當防衛行爲，那群流氓學生所犯的傷害罪不會因此免責。同樣的道理用在霸凌上，若受凌者動手反擊，霸凌者的霸凌行爲仍屬存在，並不能免責。

三、受凌者有動口反擊，霸凌事實依舊在。

若霸凌情境改換爲言語霸凌，A生的個性並不討喜，班上好幾位同學不喜歡他，會言語攻擊、威脅、嘲笑，而A生也回嘴反罵，那麼，這樣算不算是霸凌呢？以這個情境來說，A生被好幾位同學持續言語攻擊，這已符合霸凌四大特徵：持續發生、惡意行爲、侵害樣態、傷害結果，因此的確屬於霸凌事件。縱使A生回嘴反罵，也無礙於本情境的霸凌判定。

以加害者的持續攻擊行爲來判定

結論是不能因爲受凌者有言語反擊或行爲反擊，就認定不屬於霸凌，這樣將造成誤判。建議以加害者的持續攻擊行爲來判定，若加害者有持續的惡意攻擊或戲弄行爲，就是霸凌行爲，因爲受害者無力反抗或反抗無效，而使得攻擊或戲弄行爲不斷發生。受害者的反擊，是屬於正當防衛或是屬於防衛過當的攻擊行爲，這得分別論之，若是正當防衛，則無礙於霸凌事件的判定；若是防衛過當，如持榔頭反擊，打傷霸凌者，雖無礙於霸凌事件的判定，但應界定爲「霸凌事件的受凌者，具有持鈍器傷人的傷害行爲」。因此，一爲當事人被霸凌的事件，一爲當事人持鈍器傷人事件，應分別論之。

因此，在小南案例的判定上，班上的同學覺得小南很麻煩，出言譏諷他，小南應該是被言語霸凌的受凌者。再看小南雖被球打到而情緒躁動，可能是被同學故意砸球，也可能是不小心被打到，情緒躁動之後又被同學們言語嘲諷，而且被小強推倒並怒罵；小南拿掃把揮舞的行爲及與小強相互拉扯的行爲，前者有可能是被言語霸凌後的反抗行爲，也有可能是情緒躁動的失控行爲；後者則屬於雙方鬥毆之拉扯。這兩者可能會讓人誤以爲因小南有動手，而被誤認爲是鬥毆。所以，揮掃把及拉扯行爲，並不會改變小南被霸凌的事實。

06

六個指標，有效區辨霸凌與玩笑

小澄是很白目的國中小孩，生性天眞又愛玩，有時行爲會讓人覺得好笑，有時行爲又會激怒他人。

小品與小澄同班，小品很容易爆氣，因此小澄很喜歡作弄小品，例如小澄曾拿書蓋住一杯漂白水，放在椅子上讓小品不小心坐下，小品一怒之下，對小澄過肩摔；小澄也曾拿起小品的書亂丟，結果書掉到布告欄後方空隙中，小品一氣之下把整個布告欄拆了下來；小澄也曾口含珍珠奶茶，並用口吐出珍珠，還說機關槍掃射，由於吐到小品，又讓小品爆怒。但是，小品也曾捉弄小澄，小品某次故意把小澄的書包拿去丟在廁所，小澄也就不爽地拿起小品的書丟在垃圾桶。

不過，小澄的白目行爲是無差別性的，其他同學也被小澄拿酒精噴過臉。小品和小澄之間，到底是霸凌行爲，還是在嬉笑玩鬧？

校園霸凌的加害者，有時候爲了尋求樂趣，會以欺負他人爲樂。因爲嬉笑玩鬧與惡搞取笑並從中作樂，從旁看起來好像沒有什麼不同，因此，師長及同學們實在難以區分霸凌及嬉笑玩鬧。

以下針對兩者的差別進行討論，還是可以找到一些可辨別的要素。

一、霸凌的意圖是惡意的

霸凌者的意圖通常是惡意的，主要都是爲了傷害他人、排擠他人、教訓他人、汙辱他人等，由於另一方是受害者，因此只有加害者那一方臉上有笑容。而若是非惡意的嬉笑玩鬧，通常不具傷害性，由於爲了好玩、有趣，雙方臉上都可以看出笑容。

二、霸凌會產生傷害結果

霸凌者會施行惡意傷害行爲，因此受凌者會受到不同的傷害，包括學業、人際、心理、身體、財物、權力……等，都可能受到侵損或傷害。嬉笑玩鬧則不太會造成身心傷害，雖然有時候會擦槍走火，搞得雙方不爽，但不會造成過度或長期的傷害，雙方在相互道歉後仍會玩在一起。

三、霸凌者與受凌者通常非朋友

霸凌通常是大欺小、多欺少、強欺弱，霸凌者會找上比較弱勢的受凌者，因爲他們無力反抗。因此，霸凌者與受凌者之間，不太像是朋友關係，頂多是同學關係，或是學長姐對學弟妹的關係。至於嬉笑玩鬧，則多發生在朋友之間，例如這次我藏你的書包，下次你藏我的衣服，而之後仍是玩在一起。

四、霸凌通常是單向性攻擊

發生在朋友間的嬉笑玩鬧，本質上是在相互取笑，因此彼此間會有來有往地鬧著玩，具有相互性，也就是說，這次你作弄我，下次換我惡搞你。霸凌則是霸凌者的攻擊，受害者無力反抗，也就是說霸凌是單向性的惡意作爲。

五、受凌者通常難以制止霸凌

霸凌行爲是持續發生的惡意攻擊行爲，受凌者無力反抗，而難以制止；旁觀者雖然可能會出面幫忙講話，但基本上仍難以制止霸凌者的行爲。嬉笑玩鬧的本質是雙方開心打鬧，縱使有玩過頭的情形，但其意圖不在造成雙方傷害，因此玩過頭之後是能立即被制止的，比較不會再次發生。

六、霸凌具有持續性

通常每個月發生二～三次以上，才會被稱爲霸凌，若是偶發事件則會被稱爲攻擊或暴力。嬉笑玩鬧也會重複，但並不是持續的攻擊行爲，而是重複的玩鬧行爲。嬉笑玩鬧有時也會玩過頭而造成傷害，但多半是單次不當的嬉笑玩鬧，而不會再持續發生。

上述的六點，也正好呼應了校園霸凌的四大要件，第一、二點的意圖與傷害結果，對應的就是「故意行爲」、「傷害結果」特徵；第六點就是霸凌行爲的「持續」特徵。在此將兩者對照整理爲下表：

	霸凌	嬉笑玩鬧
意圖	故意行爲	非惡意的、好玩的
傷害結果	生理、心理、財物、權力、人際、學業的侵損	不太會受傷

友誼關係	同學間 學長姐對學弟妹之間	朋友關係
相互性	單向性	相互性
可制止性	難制止、難以反抗	可制止的
持續性	持續攻擊	持續開玩笑 頂多是單次攻擊

上述小澄的白目行爲是無差別性的，很多班上同學都曾被小澄激怒。前面敘述的案例，實際上是發生在不同受害者身上，以校園霸凌的四要件來看，小澄具有故意行爲（捉弄或騷擾他人），但不確定是否造成傷害；有持續性，但不見得是針對同一受害者。應屬於偏差行爲，眞的是白目玩過頭。但是若不同事件都發生在小品身上，因爲有故意捉弄行爲，造成小品的不適；有持續性；屬於單向性的、難制止的，那麼，這就屬於校園霸凌事件。

07

人際關係差，不一定是「關係霸凌」

就讀高中的小芳，和同學間用社群媒體互動，是她日常生活中的一部分。發文或貼圖後，有些社群會顯示出發文者的手機型號。小芳是用安卓(Android)手機，而她周遭的同學們多數用 iPhone。小芳時常被同學們問：「還在用安卓手機哦?也太落伍了吧!」、「拿 iPhone 比較潮啦，該換手機了!」小芳因爲時常被酸，於是興起拿 iPhone 的想法。向爸媽反映，爸媽卻說：「手機好好的，不要爲了同學的幾句話而換手機。」

她只好向哥哥求助，哥哥覺得很疑惑：「現在沒拿 iPhone，竟然會被看不起，成爲跟不上時代的象徵，現在高中生的價值觀已經這麼偏差了嗎？」小芳認爲，「手機品牌會影響我的人際關係，會害我被看不起，換手機應該會有助於改善我的人際關係吧。」但哥哥卻擔心，「妹妹因爲拿的手機與同學不一樣，而被看不起，被嘲笑，可能還會被排擠，她該不會被關係霸凌了？」

另外一個案例，就讀國小的小誠，透過老師及學校的宣導，對校園霸凌稍有了解，也聽說被朋友排擠就算是關係霸凌。小誠因爲個性較衝動，容易與同學起衝突，因此願意和小誠一起玩的朋友並不多，小誠認爲沒有朋友願意和他一起玩，會不會自己被關係霸凌了？但詢問同學之後才知道，其實同學們並沒有排擠小誠，只是比較少和小誠一起玩而已。

小芳和小誠究竟算不算被關係霸凌呢？

人際關係差及關係霸凌間的確有容易混淆之處，需要進一步釐清，人際關係差和關係霸凌到底有何不同？說明分析如下：

一、人際關係差是被霸凌的高風險指標

白目、自我中心、異類學生、不合群……這類孩子，很容易被霸凌者盯上，而這些孩子都有共同的特徵——就是人際關係不佳，不被班上同學喜歡的原因，可能出於自己本身的個性問題或言行舉止、氣質的問題等。因此，家長及教師應該多關心人際關係不佳的孩子，他們極可能是被霸凌的高風險群。

二、人際關係差不見得就是被關係霸凌

別讓孩子誤以為人際關係差就是被霸凌。要與學生釐清人際關係差指的是個人人際關係技巧可能不夠好，或言行舉止不被同學喜歡，導致身旁的朋友不多，但還是有朋友願意與其互動，同學還是願意與其交談，最重要的關鍵是同學並沒有集結衆人攻擊，沒有直接或間接攻擊行爲。有位被稱爲「爆氣仔」的國中男生，因情緒失控就會進行無差別的攻擊行爲，但平常就只是上課愛打瞌睡，不愛與同學互動。他因爲上課愛打瞌睡而造成人際關係不好，部分同學怕惹怒他而不太敢與他互動，但他在班上還是有朋友，同學還是願意與他正常互動。所以「爆氣仔」並不算被關係霸凌，應該屬於人際不佳問題。再以另一個情境爲例，若是班上有三～四個學生，以捉弄「爆氣仔」爲樂，故意戲弄或挑釁讓他失控，那麼「爆氣仔」就是被霸凌了。以這兩個情境來說，最大的差別就是第二情境具有糾衆戲弄與挑釁的情況，算是惡意攻擊行爲，持續發生後就成爲霸凌事件了。

三、關係霸凌會併有間接或其他直接攻擊行爲

若學生及孩子被關係霸凌了，所要面對的攻擊行爲，例如被私下說壞話、被破壞友誼、被排擠、當小組分組沒人找……等，這些大多屬於間接攻擊行爲，大多不是面

對面的直接攻擊，而是私底下或背後操弄而進行的攻擊。因爲霸凌具有持續發生的特性，因此，這些間接攻擊行爲基本上會持續發生，不會單純只發生一次。

另外，除了關係霸凌之外，孩子也可能要面對其他直接攻擊行爲，例如言語霸凌（被辱罵、羞辱）、肢體霸凌（被推倒、被打頭），因爲霸凌事件的發生，通常會伴隨多種攻擊行爲，也就是說除了關係霸凌行爲外，也可觀察出其他言語、肢體、網路霸凌行爲的發生。而且，關係霸凌通常會聚衆聯合同學一起攻擊，會在「多對一」的情況下發生。因此，要判斷關係霸凌，可參考是否被糾衆攻擊來進行判斷，有間接攻擊或直接攻擊就代表不只是人際關係差而已，而是已經惡化到產生持續攻擊行爲的霸凌事件。

回到小芳因爲使用安卓手機而被笑落伍，因此想換手機，其實小芳眞正在意的是怕被大家疏遠，沒有共同的話題。也就是說，小芳其實是害怕因爲手機對她的人際關係產生負面影響，應該還不算是被關係霸凌。而從小誠的案例來看，同學們沒有排擠小誠，還是會與小誠互動，只是小誠覺得沒什麼人想跟他一起玩，於是覺得自己被關係霸凌，這應是小誠混淆了人際關係差與關係霸凌兩者，因此造成了誤解。

08

主動覺察受凌孩子的行爲徵狀

小美是國一正妹，長相清純可愛，相當受到男同學及學長的喜愛。從國一入學後，小美身旁追求者不斷，時常有男同學或學長示好、表白。小美因爲個性較內向，又年輕稚嫩，不知如何應對這些追求及示好行爲，只好沉默回應，遠離這些追求，甚至騷擾。同班有三位男同學也想「撩妹」、「虧女生」，頻頻對小美示好，有時候還會三人圍著小美「求聊天」。小美很害怕，不知道如何回應，只想迴避走開，但三位同學不讓她離開，開始有點「見笑轉生氣」，說起攻擊及辱罵言語，如「長得漂亮就很臭屁是不是？」、「跟妳聊天是看得起妳耶，妳把我們當成屁哦？」、「不給虧是不是，妳是破麻是不是？」小美面對這些攻擊言語，仍舊不知道如何回應，只是聽著、悶著、忍著、逃著、痛著。

類似的情況發生多次後，小美開始出現身心異常狀況，笑容變少了，經常放空發呆，更加沉默了，髮量也慢慢變少。老師發現小美有拔頭髮的狀況，過去關心時，才驚覺小美頭頂禿了一圈。小美對老師說：「是不是我變醜了，就不會再有人過來騷擾我？」老師馬上通知家長，家長立即帶小美就醫，身心科醫生發現小美因爲精神壓力而產生了「拔毛癖」。家長覺得不可思議，小美什麼也沒做，就只是長得可愛漂亮就被霸凌？

無論是家長或老師，當孩子在校被霸凌，都願意出面處理，解決問題，但孩子若不肯據實以告，那麼要如何得知孩子被霸凌呢？其實很多時候，都要仰仗成人的觀察及覺察力，因爲被霸凌的孩子，其實都有一些行爲徵狀可被觀察出來。這些行爲徵狀，並不限於霸凌受害者才會有，而是學生只要身處被害角色，不論是家暴、虐待、性騷、霸凌……等，都有可能會有下列行爲徵狀，值得成人們注意。

1. 放學後不愛到外面玩。
2. 經常不想上學。
3. 不願提起在學校發生的事。
4. 學校課業表現變差。
5. 沉默不語、悶悶不樂。

6. 要求接送而不願自行上下學。

7. 不想和同學互動。

8. 身上出現傷痕或財物破損。

9. 財物需求大增。

10. 詢問後大多都說自己沒事、不用管。

11. 表明想轉學或轉班。

至於教師要如何覺察出學生被霸凌呢?教師辨識校園霸凌有三階段歷程,包括覺察期、澄清期、辨識期。在覺察期,教師可依靠下列管道來得知學生可能遭遇霸凌:

1. 其他學生前來告狀。

2. 學生前來求助。

3. 學生的表情有異。

4. 學生的人際關係不佳,明顯地被厭惡。

5. 開始有全班嘲弄情況。

6. 帶頭學生開始針對當事人。

7. 發現上述情況開始持續發生。

綜言之，若孩子被霸凌，其實會反映在其言行舉止上，教師及家長可明顯的覺察出孩子的不同，包括在課業（成績變差）、表情（悶悶不樂）、財物（時常向家長要錢或向朋友借錢）、所屬物（衣服、課本、書包髒汙經常破損）、言語（不愛講／不想講）、舉止（消極、躲起來）、心理（易怒、憂鬱、焦慮、懼學）、人際（人際關係變差）等面向上。若家長及教師能多加留意，細心觀察，應不難察覺出孩子的變化。縱使孩子不想講、不敢講，但是只要給予孩子足夠的安全感，讓孩子得知有成人的支持及陪伴，那麼孩子才有可能如實說出受凌情況，以尋求成人協助。

在小美的案例中，就是老師觀察到小美拔頭髮行爲，以及言行異常，上前關心後才發現小美因容貌而被霸凌的事件。小美可能覺得自己常被追求、被騷擾，很無助，但不知道如何求助，只能默默承受；也可能覺得被追求不算霸凌行爲，不需求助；也可能覺得不知道如何回應被男生追求，也太丟臉了，於是不敢求助。不論原因爲何，對於像小美這樣不敢或不想求助的學生，只能依靠家長或老師的觀察，若察覺異樣卽可多加關心，找出原因。

09

廣義霸凌者有三大類

小愛是國中學生，接到學校的校園生活問卷調查，其中有一題：「是否曾在六個月內看過類似的霸凌事件？」因為班上就有霸凌事件，因此，小愛就勾選了曾看過。然而卻遭校方約談，小愛很害怕，怕說出來之後，下一個倒楣的就是她。於是她選擇了沉默，但內心希望老師可自行觀察發現，沒想到老師說：「不要亂寫，不要亂開玩笑！」小愛此時覺得，老師看來不太可靠；但也沒有辦法靠自己解決，因為那群霸凌者的勢力太龐大。

最後，她想出來的明哲保身之道，就是加入霸凌者。因爲，霸凌的對象經常更換，保護自己的方式，就是與霸凌者同一陣線，這樣就不會被排擠、被霸凌。國中三年間，小愛過得並不開心，因爲霸凌竟然是她校園生活中的主軸。雖然她內心著實不想同流合汙，但爲了保護自己，無奈選擇了加入訕笑他人、排擠他人的行列。

涉入校園霸凌加害者的學生，不論是主要帶頭者，或是隨同加入者，都是廣義的霸凌者（pro-bullies）。廣義的霸凌者可以區分爲霸凌者、隨從者、吆喝者。分別說明如下：

- **霸凌者（bullies）**：就是霸凌事件的主要帶頭者，一開始大多會進行攻擊，並引發其他人加入。例如臭罵受害者，並推了一把，還呼朋引伴來一起謾罵。以哆啦A夢裡的角色來說，就是胖虎的角色。
- **隨從者（assistant）**：就是霸凌事件中的從旁協助者，會在霸凌者一開始攻擊後，從旁加入，以言語霸凌或肢體霸凌來助勢。以哆啦A夢裡的角色來說，就是小夫的角色。
- **吆喝者（reinforcer）**：就是霸凌事件發生時，會在旁吆喝助勢的人，這類吆喝者在旁炒作，會讓情境更爲惡化。以本土語俗諺來說，就是「別人在吃米粉，你卻在喊燙」。

不論是在旁嗆聲的吆喝者或是從旁補上一腳的隨從者，學生或孩子們可能認爲都是霸凌者。因爲對他們來說，並不需要分的那麼清楚，他們只是知道有一群人涉入或攻擊受凌者，而那一群人都是霸凌者。但是，對校方或家長來說，則需要區分清楚這三種角色，因爲這和霸凌事件的調查及後續懲處有關。

當您的學生或孩子涉入霸凌事件，首先要釐清的是霸凌者、隨從者或吆喝者？雖然三類都是廣義的霸凌者，但在後續懲處時，可能會有情節輕重的差異。若您的學生或孩子是吆喝者，或許您會想又沒有動手動腳，算不上是霸凌者吧。但有人在旁吆喝，其實會使得情境更爲惡化，所以也要接受校方的輔導管教。

此外，教師在詢問學生時，可能會遭遇到這樣的困難——學生辯說，自己不是霸凌者，因爲沒有攻擊，所以不是霸凌行爲。

這可由兩點來談：

一、霸凌者會由脈絡角度來進行解釋

霸凌者及受凌者看待行爲與情境的角度及解讀並不相同，受凌者看到的是攻擊行爲、霸凌行爲，霸凌者看到的是脈絡因素，會向外歸因或歸責。例如：

受凌者會說：「某甲（霸凌者）羞辱我，還打我的頭。」

某甲（霸凌者）卻可能說：「是某乙（受凌者）先開始的，先罵我、先攻擊我的。」

這裡的意思並不是說霸凌者卸責，而是霸凌者眞的自認爲自己沒有錯，是對方的挑釁或不當行爲而導致自己的反擊，因此霸凌者自我解讀「那並不是霸凌，頂多是反擊」。

二、霸凌者會否認

當霸凌者意識到自己的不當行爲，認知到自己的確是在霸凌，也不會當下立卽承認，因爲怕遭受懲處，怕有麻煩。所以，霸凌者一開始會極力否認，不會馬上承認自己的霸凌行爲。

面對這樣的情況，最好的釐清方法，就是詢問旁觀者的看法。霸凌事件的發生，通常都有旁觀者在場。詢問旁觀者的意見，有助於釐清事情的脈絡經過，亦有助於確認涉入學生的扮演角色。例如詢問目睹事件發生的班長小珍，她可能會說：某乙（受凌者）只是在開玩笑，沒有針對誰，但某甲（霸凌者）卻認爲是被嘲笑了，於是某甲就臭罵並打了某乙的頭，而某丙（隨從者）也拿東西丟某乙。經由詢問旁觀者及當事人之後，就比較能釐清不同學生的涉入角色。

就前述的小愛案例來看，小愛害怕被霸凌，於是選擇成爲了霸凌事件中的隨從者及吆喝者，選擇和霸凌者同一國，一起排擠孤立他人，這就是隨從者；當霸凌者在言語霸凌他人時，選擇在旁訕笑，或在旁補酸幾句，這就是吆喝者。或許小愛會說：「我只是旁觀者罷了。」但事實上，她選擇了成爲隨從者及吆喝者。就霸凌事件的處理來說，除了帶頭的霸凌者之外，小愛身爲隨從者及吆喝者，也應一併處置，因爲隨從者及吆喝者的加入，會讓原有的霸凌事件變得更嚴重。

10

友情也會產生霸凌

小柏是位有妥瑞症的孩子，因爲會不自主的發出怪聲及怪動作，同學都覺得他怪怪的，所以小柏沒什麼朋友，但以小傑爲主的小團體有時候會和小柏互動聊天。小傑他們把小柏當跟屁蟲、受氣包；但對小柏來說，小傑他們是少數願意與他玩的朋友。不過，當小傑他們模仿小柏的抽搐動作，用來嘲笑小柏時，小柏當然也會不舒服，但也只能看成是朋友間的戲弄。

小傑常使喚小柏跑腿，常常叫他請客，占小柏的便宜，小柏也不在意，認為這是朋友間請客。但後來他們還把小柏全身潑濕、用打火機燒小柏的頭髮，小柏受不了跑去向老師告狀。老師詢問後，小傑他們解釋說是玩過頭，小柏雖被火燒、被潑水，但平時還是玩在一起。據此，老師判斷這是朋友間玩過頭的案件，並不是霸凌。

筆者的科技部計畫成果，發表於《認識校園霸凌與其防制策略》（五南出版）其中一章，就是針對教師如何辨識校園霸凌來進行探討。其成果發現教師會經歷覺察期、澄清期、辨識期等三個階段來進行判斷。本文要談的主要是在辨識期，教師除了依校園霸凌的特徵進行判斷之外，還會額外依據是不是朋友關係、考量成因、考量反擊情形、考量嚴重程度來進行判斷。以下爲容易造成誤判的因素。

一、朋友關係可能會造成誤判

教師會依據雙方當事人是不是朋友關係來判斷，若發生在朋友之間，則比較可能屬於玩過頭；若雙方不具朋友關係，則較可能屬於欺負及霸凌行爲。

一般來說，這樣的判別法並無問題。但雙方當事人若是團體內霸凌（in-group bullying），也就是說在朋友群體內發生的霸凌事件，團體內社會地位高者會欺負團體內社會地位較低的對象，那麼教師如只考慮雙方是朋友關係，就認定不是霸凌，即可能會造成誤判。

朋友關係的確會對教師辨識霸凌時造成困擾，因爲這群學生平常都玩在一起，偶爾來投訴自己被欺負，過兩天後又玩在一起，也可能隔週又來投訴，實在很難判定是在玩或是被霸凌。而且被欺負的人也可能不願意脫離該團體，因爲至少還有朋友可以互動。因此，這種的團體內霸凌，不但容易被誤判，也相當難處理。

二、當事人挑釁很可能會令人忽略霸凌事實

教師通常會參考事件成因，若是由受害者所挑釁引起，那麼，教師可能會怪罪當事人，認為其他同學在糾正當事人，而不是霸凌。

例如，學生行為過於白目，不斷騷擾及挑釁他人，一旦被打，全班叫好。大多數的同學可能會認為太過白目而被打，這是自找的，打人者反而是正義的展現。以這個情況來說，教師大多會著重在處理當事人的騷擾及挑釁行為，因為這是事件的成因，因此反而要當事人負起責任改善。若事件持續發生，教師可能還是不會判定為霸凌事件，還是有可能會認為是當事人自己造成的，就產生了誤判。

這類經常騷擾及挑釁他人者，雖然是被他人排擠及言語攻擊的受害者或受凌者，但也可能是屬於會騷擾及欺負他人的霸凌者，也就是說，這類當事人可能屬於雙重角色者（兼為霸凌及受凌者）。若教師只著重在改善其騷擾及挑釁行為，卻忽略了其受凌的狀況，那麼這類霸凌事件將容易被誤判，而且很難被根除。

三、有反擊不一定非霸凌

教師在判定霸凌時，會考量當事人是否有反擊，例如雙方「互嘴」，那麼教師可能就會認定這是雙方鬥嘴行爲，而不是霸凌。若只有單方面的言語攻擊，而另一方不敢回嘴，那麼可能就會被認定爲霸凌。

一般來說，這樣的判定相當合理。但若是遇到特殊情況，教師可能就會誤判。例如，一群人嘲笑戲弄某同學，就算該同學生氣地罵回去，仍改變不了問題，之後仍持續遭受被嘲笑戲弄，而老師以該同學有反擊或有回嘴，而認定爲不是霸凌，那麼就有可能產生誤判。並不是有反擊就不是霸凌，因爲當事人可能會有一些正當防衛的言行。教師應考量反擊後，當事人是否仍持續處於被嘲笑戲弄的狀態來判定。

四、嚴重單一事件可從嚴處理

若事件的發生屬於嚴重行爲，那麼，教師大多判定一次嚴重行爲就屬於霸凌，而不會再依持續性因素來考量，因爲，發生一次就已經很嚴重了。一般來說，這樣爲了保護學生的判定其實相當合理。但需要注意，若是單次的嚴重行爲落入暴力犯罪的範疇，就屬於司法議題，而不是校園霸凌所涉及的教育議題。而且，若是單次行爲太嚴重而被判定爲霸凌，縱使是誤判爲霸凌，也是屬於過度警戒，是基於保護學生的立場，這樣的判定也是爲了保護學生。

再回到小柏及小傑的案例，小柏爲了留在小傑的群體中，寧可被侮辱、被嘲笑、被潑水、被燒頭髮，甚至被使喚、勒索，也因爲需要朋友可以互動而接受這樣的對待；小傑他們看上小柏就是個可以被玩弄、可以被罵的對象，可能沒把小柏當眞正的朋友，但小柏卻相當珍惜這唯一的「友情」。其實，這個案例就是團體內霸凌。對外人及老師來說，他們好像平常會互動、偶爾會玩在一起，即使常常看到小柏被欺負，也考量到他們的朋友關係，而判定爲非霸凌事件，這就是誤判。因爲，霸凌也可能發生在朋友群體間。

11 兩方式有效提升教師對霸凌的辨識

小洪是科大生，在校表現正常。在大二下修了某門課之後，就開始被霸凌。因爲有男同學懷疑小洪想要搶他的女朋友，於是開始放話。小洪覺得很無辜，自己什麼也沒做，卻涉入感情糾紛。男同學常用言語嗆小洪。而且在小組分組時，他很明顯被排擠了。男同學還曾開車尾隨小洪的機車，小洪怕被撞，就改搭公車上學。

向學校反映後，學校人員開始進行調查，約談相關人士。同學說疑似有感情糾紛，但不清楚詳細狀況；小洪當然說自己被霸凌；當事人男同學說小洪想追他女朋友，他當然很生氣，當詢問開車尾隨的事情時，男同學說只是開車回家，是小洪自己亂想。最後校方判斷，這是因誤會而產生的感情糾紛，男同學怕女友被搶的氣憤行爲，並不算是霸凌。小洪覺得學校有點敷衍，他很難過、也很生氣，爲什麼他被懷疑、被誤會、被言語攻擊、被排擠，都不算是霸凌。

教師能不能辨識出校園霸凌，對於教師能不能及時介入、及早協助有很大的影響。教育部雖然已公告了校園霸凌的定義，但教師如何詮釋該定義？教師個人如何辨識判斷疑似霸凌情境？教師在霸凌情境上會不會有誤判的可能？這些問題都待釐清。

目前已知的是，教師對於霸凌情境仍有誤判的可能性，以台灣在職教師來說，筆者在二〇一七年與宋宥賢、鄭雯發表的研究顯示，教師對校園霸凌虛擬情境的辨識正確率約在七至八成左右，這代表在職教師對虛擬霸凌情境仍有約兩成的誤判率。在台灣師培生方面，筆者與宋宥賢的研究顯示，師培生對校園霸凌虛擬情境的辨識正確率也在七至八成左右，仍有約兩成左右的誤判率。值得慶幸的是，兩個研究都顯示，若是有受過一・五小時的辨識訓練，則對霸凌情境的辨識正確率可以上升至九成左右。

至於不同的霸凌類型，在被辨識率上是否有差異？筆者在二〇一八年與王俐淳、宋宥賢發表的研究顯示，教師對肢體霸凌的正確辨識顯著高於對關係霸凌。年資對教師辨識霸凌也有影響，年資在十年以下的老師對言語霸凌的正確辨識高於肢體及關係霸凌；然而，年資在十一～二十年及年資超過二十年的老師，對肢體霸凌的正確辨識高於言語及關係霸凌。學歷也有影響，大學學歷的老師對肢體霸凌的正確辨識高於言語霸凌；然而，碩士以上學歷的老師，對言語霸凌的正確辨識高於肢體霸凌。而不論學歷爲何，對關係霸凌的正確辨識率都是最低。至於不同性別在霸凌辨識上則沒有差異。簡言之，教師比較能辨識出肢體霸凌，對關係霸凌的辨識率相對較低。

至於不同教育階段，教師對校園霸凌的辨識率是否有差異呢？筆者在《認識校園霸凌及其防制策略》一書（五南出版）的實證研究章節中指出，國小及國中教師在校園霸凌虛擬情境的辨識得分，顯著高於高中教師。

從上述研究，以下針對幾點教育啟示來進行討論：

一、教師對一般霸凌的辨識率相當高，但可能仍有約兩成左右的誤判率。

教育部對校園霸凌的宣導及重視，以及《校園霸凌防制準則》的發布，對一般學校的教師影響極大。教師對霸凌或欺負行爲的確變得較爲敏感，對霸凌的辨識度也相當的高。因此，一般大衆應對校園教師的霸凌辨識力保持信心，絕大多數的霸凌案例都能被察覺出來。縱使仍有兩成左右的誤判率（這裡指的是對虛擬情境的辨識），個別教師的誤判在進入校園霸凌防制小組的團體討論後，可大幅提升判斷正確率。

二、教師對肢體霸凌的辨識較高，對關係霸凌的辨識較弱。

由於肢體霸凌的結果，會造成學生明顯的身體傷痕，一般教師多認爲肢體霸凌較爲嚴重，比較願意介入肢體霸凌問題，因此，教師對肢體霸凌的辨識率較高，也相當正常合理。至於關係霸凌，它屬於間接霸凌，或稱爲隱匿霸凌，通常發生在教師看不到的地方，例如背後說壞話、破壞友誼，私下糾衆排擠對方，而這些行爲都可能正在校園內默默發生，但教師可能未意識或未察覺到。縱使有覺察到，也可能會判斷爲非霸凌事件，認爲只是同學之間的友誼糾紛罷了。

在此要呼籲：關係霸凌對學生造成的傷害，不比肢體霸凌來得小。筆者的研究發現，中學生認爲關係霸凌及網路霸凌，遠比肢體霸凌及言語霸凌的發生來得嚴重。因此，教師宜對關係霸凌能高度重視。至於對關係霸凌的辨識能力較弱的問題，則可參照本書〈人際關係差，不一定就是「關係霸凌」〉一文，以對關係霸凌能有更多的認識。

三、國中小教師對霸凌的辨識較佳，高中教師對霸凌的辨識則相對較弱。

可能因爲中小學的校園霸凌事件較爲常見，因此國中小老師較爲敏感；也可能因爲高中教師需面對學生的升學壓力，較著重於學業研討，較少參與防制霸凌研習。因此，本文建議，高中教師宜對校園霸凌能有更多的認識，霸凌的發生不分教育階段，由幼稚園到大學都有可能發生。建議在高中端宜多辦理校園霸凌防制研習，或校園霸凌辨識訓練，應能發揮積極的功效。

再回到小洪的案例，對小洪來說，他的確被霸凌了。但對同學及校方來說，似乎像是感情糾紛而起的衝突事件，並不像是霸凌事件。對小洪及其家人來說，這應該算是學校的誤判。這是個虛擬案例，我們可以分別以不同狀況來探討。

首先第一種狀況，若男同學眞有霸凌行爲，但同學及校方卻說是感情糾紛的衝突，並不算霸凌，這就是校方的誤判，因爲太看重成因（疑似感情糾紛）而忽略了攻擊行爲。

其次，若男同學沒有霸凌行爲，眞的是因爲怕女友被搶而產生的誤會及衝突，而小洪卻認爲這就是霸凌，這也有可能是小洪把衝突誤解爲霸凌行爲。

衝突與霸凌到底要如何區分？還是要回到霸凌的四大特徵要件來做判斷。若爲衝突多半因誤會而起，會有言語上的交鋒，彼此帶著怒氣；霸凌則是有惡意傷害行爲，並造成傷害結果，如誹謗、汙辱、毆打等，造成受害者身心受創。此外，衝突是雙方相互爭吵，霸凌是單向性的攻擊，一般來說是大欺小、多欺少、強欺弱等無力反抗或反抗無效的狀況；最後，衝突是短暫的事件，霸凌是長期持續不斷的。

CHAPTER

3

理解霸凌心態

霸凌皆有原因，有無意、故意，
甚至爲求在團體中生存……
要理解根源，
才能對症下藥找出防範或制止的方法。

12

霸凌者的六大動機

小麥就讀服裝設計系，是個相當正常的平凡學生，設計功力不差，但也不到頂尖。在參與團體設計的作業時，他發現在討論的過程中，有人對他的設計屢屢進行惡意批評，但當下小麥也只是聽聽就算了，沒有放在心裡。但這樣的惡意攻擊卻沒有消失，而是慢慢變得惡化。

以小艾爲首的幾位同學，就是攻擊及排擠小麥的帶頭者，小艾就是單純不喜歡小麥的設計，又對小麥的設計獲得教授的好評感到不屑，於是開始串聯多位同學，以惡意言語攻擊小麥，說他作弊、賄賂、當老師的狗……等，這些惡意中傷的言語很快傳開，很多人也受到影響覺得小麥設計不行、品格也不行、個性也不行。

這使小麥非常痛苦，言語上的反駁似乎也沒什麼成效，只能忍氣吞聲。教授們發現了這個狀況，提醒同學們不要太過份，但這樣的口頭警告似乎起不了效果。某一次服裝設計比賽，小麥得了第四名，但卻傳出了各種耳語，「沒什麼設計才能還得第四名，一定是作弊」、「老師偏心啦，什麼爛設計也能得第四名」、「他的作品爛到爆，是設計給狗穿的嗎？」小麥知道後，情緒崩潰，因爲，小麥父母本來就不贊成他讀服裝設計，說他沒有設計才能，不想提供學費支持，而這次只得到第四名，不但無法證明自己的才能，還被同學們嘲諷攻擊，小麥哭喊著問自己：「我是不是眞的很爛？是不是眞的不要再走服裝設計這條路了？」

上述情境中，小麥似乎沒有做錯什麼事，卻被霸凌。你或許會好奇「爲什麼加害者想要霸凌他？」事實上，遇到校園霸凌事件時，一般家長、學生、教師，也常好奇「爲什麼會發生霸凌事件？」、「霸凌者爲什麼要欺負受凌者？」若能深入去了解原因，會更有助於在校園中，針對霸凌事件防微杜漸。

霸凌的原因，可以分爲以下幾個向度探討：

一、爲了好玩：某些人類行爲的背後原因並不單純，例如網上或新聞上偶爾可看到虐待動物爲樂的影片、取笑捉弄同學的影片，有部分是因爲無聊，爲了找樂子而做出這些行爲。在校園霸凌情境中也一樣，有些霸凌者會因爲學校無聊、爲了找樂子而去欺負他人。只要看到受凌者暴怒，就覺得很好玩，還會嘲弄對方：「火大了耶……玩不起是不是？」只要看到受凌者暴哭，就覺得很好玩，還會嘲弄對方：「哭了耶……裝可憐是不是？」

二、爲了教訓對方：班級或學校裡面，難免會有白目、不長眼的同學，可能是自大、亂講話、自我中心……。這類白目同學的人際關係通常很差，惹得天怒人怨，使得班上同學覺得受不了，便會說「哦，又來了，你不要嘴賤好不好。」、「哦，你很白目耶，不要這樣好不好。」一開始同學會採用警告方式制止，但事實上很難完全改變白目同學的行爲。在屢勸不聽的狀況下，有些潛在霸凌者就會準備強出頭，想給白目同學一些教訓，希望對方收斂一些，如推、打、拍頭、丟對方的東西……等。這樣的例子，就是爲了給同學教訓而霸凌對方。

三、爲了社會地位或利益：研究指出某些霸凌行爲是爲了提高霸凌者的社會地位，因爲同學會懼怕，不敢不聽話。霸凌行爲會使同學們認知到班級內的社會地位排序，在金字塔頂端的是霸凌者、其次是隨從者，其下就是受凌者。

有些受凌者還會轉而盯上更爲弱勢的同學，於是就由受凌者轉變爲兼具霸凌者及受凌者的雙重角色，而那位更弱勢的受凌同學，即是金字塔的最底端。社會地位確立後，就可能如奴隸般供人使喚，如幫忙跑腿、幫忙代寫功課，如不聽話可能會被打、被罵；而這些使喚行爲，可爲霸凌者帶來利益。

四、因爲嫉妒：小團體間或小團體之內，可能會因爲看到對方太美、太帥、表現太好、穿得太漂亮或擁有限量款的名牌物品，如韓星簽名照、球鞋、NFT圖片……等，起了嫉妒心，而想要壓抑或壓制對方。可能會開始說對方的壞話，例如「你看他，穿限量的鞋，自以爲有錢、了不起是不是？他看不起我們這些沒錢的人啦！」也有可能會集結衆人排擠對方，例如「你看她，自以爲表現好，老師喜歡她，她就驕傲起來啦，她就喜歡當老師的狗、當跟屁蟲啦，我們不要跟這種人講話！」這些例子，其實都是出於嫉妒心。有些班級內，還會出現高地位的兩人互鬥的狀況，例如「女王蜂」的戰爭，相互糾衆攻擊與排擠對方。

五、不合群：同儕壓力也可能成爲霸凌的原因，有些同學因爲不合群，就可能被霸凌。例如，運動會接力賽，有同學打死就是不想跑，害班上丟了名次。這類不合群的人，就可能被霸凌。由霸凌者的角色來看，就是要試圖教訓對方，讓對方更合群些、更配合些。

六、有樣學樣：有些霸凌行爲其實是因爲有樣學樣而來，就是觀察模仿而來。其所觀摩學習的對象，有可能是家長，例如家長都用酸言酸語羞辱孩子，於是孩子就學到了酸言酸語的言語霸凌；有可能是學習教師的行爲而來，例如教師若霸凌學生，嘲諷學生，聯合學生排擠某同學，於是孩子就學到了嘲諷，並排擠某同學；也有可能是觀察同儕行爲而來，例如看到其他霸凌者具有高社會地位、高自尊、高自我價值、高權力，也想與他一樣，於是學習他的霸凌行爲，來欺壓其他更弱勢的同學。

以小麥與小艾的案例來看，小麥沒做錯什麼事，但小艾卻想霸凌他，還糾眾一起攻擊。其動機與原因，可能與嫉妒、地位與利益有關。小艾可能因爲嫉妒，對於設計才能並非優秀的小麥，還能獲得老師的稱讚，覺得看不順眼，而想攻擊及壓抑小麥的表現。另外，也可能與地位和利益有關，糾眾一起攻擊自己潛在的對手，便可以少一個敵人，有助於提升自己的地位或名次。

13

當心玩過頭成霸凌

阿翰是位害羞、個性偏陰柔的孩子，從小學開始，他就發現自己和其他孩子不太一樣，當男生極力想變得更男性化，紛紛打籃球、打躲避球；當女生變得更女性化，聊美妝、追韓劇韓星與YouTuber時，阿翰發現自己不太一樣，是個男生但又不像「眞正」男生，個性像女生卻又不是「眞正」女生。作爲一個與其他人不太一樣的特殊存在，阿翰突然覺得自己很孤獨，沒有朋友。升上國中之後，阿翰原本就偏高的聲線，在男同學們低沉的嗓音中，更顯獨特，同學們也覺得他怪怪的，和一般男生不太一樣，於是開始喜歡模仿他。當阿翰用輕柔的嗓音說：「老師～～～我要去上廁所～～～。」同學們跟在後面用怪怪的聲調模仿他：「老師～～～我要去上廁所～～～。」這樣的捉弄，讓阿翰覺得很不自在很不舒服，他開始害怕展現自己，原本害羞的他，變得更內向，更不愛講話。

後來，阿翰發現自己擅長模仿他人，發現模仿可以爲他人帶來歡笑，可以讓自己找到亮點，幫自己找到朋友。於是，阿翰開始專精於研究如何模仿，學習如何成爲其他人，但是，他卻害怕做自己。阿翰說：「我覺得當自己，好難！」國中時的經歷，讓他覺得，「做自己」是會被攻擊、被看不起的、被嘲弄的，於是，他開始選擇「當別人」。而他內心仍是不解：「爲什麼和別人不一樣，就會被欺負？」、「爲什麼和別人不一樣，就找不到朋友？」

霸凌者盯上的對象是和其他人不太一樣的阿翰。或許那些頑皮的男孩們，只會說：我覺得阿翰講話很好笑啊，我們只是在模仿他，這只是在玩。但這對阿翰來說，卻造成他內心的傷害。

同學們的打鬧嬉戲，其實相當正常。學生在兒童階段、青少年階段，會想惡搞、想瞎起鬨、想互虧對方、想取笑他人……這都是為了找樂子，同學間相互嬉鬧，倒也無傷大雅。然而，若是玩過頭，越了界，產生欺負人的行為，卻仍認為自己只是在玩，就值得分析探討，此現象可分為兩個面向來看。

一、霸凌者混淆了嬉鬧與霸凌，誤認為自己「只是在玩」

當學生玩鬧習慣了，會很有「創意」地想出各種惡搞行為，想要看當事人出糗，想要吸引大家發笑，這可能仍是在玩笑嬉鬧。但有時候玩過了頭，可能自己已淪為霸凌者，惡搞行爲惡化成霸凌行爲，自己卻不自知。對於此狀況，當務之急就是讓學生們分清楚玩笑嬉鬧與霸凌的不同。

玩笑嬉鬧是朋友之間的戲弄行爲，雙方彼此有來有往，動機出於玩樂，而非故意傷害。這類行爲經常出現，帶來的結果就是雙方大笑或所有參與者大笑。雖然偶爾會玩過頭，但被制止後是會道歉，之後行爲會收斂與改善。

霸凌行爲中，雙方基本上不是朋友關係，頂多算是同學關係。霸凌者的攻擊行爲基本上是單向的，受凌者多半無力反抗。這類的攻擊或惡搞行爲會持續出現，其動機是惡意的，結果會造成受凌者身心傷害。縱使受凌者或旁觀者要求停手，但霸凌行爲仍會持續。

混淆了嬉鬧與霸凌的學生，通常是喜歡惡搞的學生，喜歡作弄別人來讓人發笑。經常針對特定對象進行戲弄，別人已明確制止卻仍不停手，別人已說很不舒服了還持續進行，還自以爲很好笑，這就是惡化爲霸凌行爲而仍不自知的狀況。只要讓這類學生在認知上進行釐清、在概念上進行界定，基本上是很容易改善這類玩過頭變成霸凌的情況。

二、霸凌者用「只是在玩」來合理化自身的霸凌行爲

這類的霸凌者，其實清楚地知道自己在攻擊、在傷害對方，因爲怕成人或師長責罵，於是找藉口來搪塞，合理化自己的行爲。由於這類霸凌者已知道自己是霸凌行爲，讓他們釐清玩笑嬉鬧與霸凌的差異，是徒勞無功。因爲他們並不是在認知上有混淆，而是故意爲之，拿「只是在玩」的理由來當藉口。經制止後，這類霸凌行爲可能不會減緩，因爲霸凌者還是會說這「只是在玩」；或者看起來似乎減緩，事實上可能會改用更隱匿、更細緻的攻擊行爲來持續霸凌他人。

因此，同樣一句「只是在玩」，卻有兩種不同的可能性，一種是學生眞的不知道自己是在霸凌，不知道自己玩過頭而持續造成別人傷害；另一種是明知道自己在霸凌，卻拿「只是在玩」來合理化自己的行爲。因此當聽到學生或孩子在說「我只是在

玩」時，師長及家長要特別注意，他們到底是有認知上混淆，還是合理化自己的行爲，兩者在後續的處置上會有極大差異。

以阿翰案例來分析，那群模仿高聲線的頑皮男孩們，應該是屬於第一類：混淆了霸凌與嬉鬧的不同。爲何這類模仿高聲線的行爲會是霸凌行爲呢？因爲，這類行爲屬於惡意模仿，嘲弄對方（類似的行爲還有嘲弄少年白的頭髮、嘲弄鬼剃頭的頭髮、嘲弄侏儒症的孩子、嘲弄同學的一字眉等，對於部分霸凌者來說，這些都是「怪怪的」地方，都很「好笑」），而這類行爲造成了阿翰的身心痛苦；其次，這些行爲看來是持續發生；而且看來是多位同學一齊嘲弄阿翰，而阿翰無力反抗或反抗無效。因此，對那群模仿高聲線的頑皮男孩們來說，他們需要的是在認知上進行釐清，了解到自己的嘲弄行爲已屬於霸凌，相信他們會減少類似的行爲。

14

霸凌者的男性化特質

小郭從小講話就比較輕聲細語、動作也柔和，同學們覺得小郭好像和其他男生不太一樣。漸漸地，開始有些同學由懷疑到質疑，甚至惡化爲攻擊。

例如，有同學開始問小郭：「你到底是男生還是女生？」或者「你明明是男生，爲什麼講話那麼像女生？」小郭不解，他問：「爲什麼大家都要一樣？爲什麼男生講話就一定要很粗魯又大聲？」同學們並不理會他的觀點及回應，班上有些同學還開始用不雅的綽號攻擊小郭，如「大媽」、「Mary」、「娘娘腔」等。還有一次，小郭被男同學圍在教室角落，帶頭的小強說要脫小郭的褲子檢查他到底是男是女，小郭哭著反抗，小強接著說：「你明明是男生啊，講話動作要 man 一點啦，就像我一樣！」

小郭覺得自己被汙辱、被歧視，哭著逃回家。小郭痛苦著回憶被脫褲子的情境，想著「爲什麼要叫我要 man 一點？若是 man 一點就代表要粗魯、羞辱他人、強脫他人褲子，那我寧可不要有那樣子的男性氣概！」

男孩子可能從小或從青少年階段，就常常被教導要成爲一位「眞男人」，也就是要能照顧家庭、保護女生或弱者、要有競爭力、被欺負要打回去，而且個性上要勇敢、要獨立、要強悍、要果決、不能有脆弱情緒、不能哭等，這些被統稱爲傳統的男性化特質（masculinity）或是男性氣概。

基本上，性別角色是由社會文化塑造而成的，男性化特質意味著社會在男孩子的成長過程中，不僅接受男性較有攻擊傾向，甚至鼓勵男性展現出攻擊的行爲，這或許可以解釋爲什麼男性比女性有更高的比例成爲霸凌者。

四種男性化特質，均與霸凌相關

目前研究已知，男性化特質和霸凌相關。不論是男性或女性，擁有較高男性化特質的人，可能具有較多的暴力攻擊行爲。由另一個角度來看，青少年也可能會藉由霸凌行爲來彰顯自己的男性化特質，使自己更融入同儕團體中。

Gere 等人的研究發現就支持了男性化特質和霸凌的關聯，他們所提出的男性化特質包括：

1. 獨立。如男性應該自己做決定，而非尋求他人的協助。
2. 攻擊。如男生應該保護姐姐，即使可能很危險。
3. 成就。如當團體中有男生與女生時，應該由男生來做最後的決定。
4. 情感受限。如男生是不可以彼此擁抱的。

他們的研究結果發現，霸凌者在男性化特質四項分量表上的得分，皆顯著比非霸凌者高。也就是說，霸凌者的確具有比較高的男性化特質，而且不論男女皆是如此。

學校男女比例，會影響霸凌行爲

另外，Gere 等人的研究還探討了霸凌行爲和學校類型的關聯，他們發現學校的類型不會對男性的霸凌行爲造成差異，但對女性的霸凌行爲造成差異。

在男生占大多數的職校（高工）中的女性，以及男女人數較均等之一般職校（工商學校）中的女性，其霸凌的比率會比普通高中，及大多數是女生的職校（高商）中的女生還高。也就是說，環境的影響相當重要，女性可能會在男性居多的學校中，觀察學習到男性化特質的行爲及言語，於是在男學生較多的學校裡面，女性有較高的霸凌率。或許也可解釋爲女性要在男性居多的學校中生存，就必須表現的更爲強悍。

上述研究結果並不是說男性化特質不好，可能有人會說「依照這個結果，以後不要把男孩子培養成男生的樣子，也不要讓女生太獨立、堅強……」那麼這樣的解釋就太過武斷了。作爲教育者或家長，應該是要去質疑及省思有害的性別規範，並讓學生知道，例如爲了達成目標可以不擇手段、強悍敢打人才能保護家人、對於不聽話的人就要用打的來給教訓等行爲都是不對的，而且要教導青少年採取霸凌之外的方法，來表達對男性特質的肯定，並營造及教導正向、積極、非暴力、健康、富有同理心與關懷的男性化特徵，弱化有害的性別規範。

以前述小郭的案例來看，小強脫小郭的褲子檢查，要小郭學習他的男性氣概等事情看來，小強就是霸凌者。而且小強屬於高男性化特質的霸凌者，欲將社會規範的男性化特質套用在小郭身上並試圖改變他。若小強的脫褲行爲、以攻擊來強迫改變他人的行爲，被視爲有男性氣概的話，也只能說是有害的負向男性氣概。以遊戲角色來形容，小郭可以成爲溫柔體貼的「勇者」或「賢者」，不一定要成爲衝鋒陷陣的強悍「戰士」，而期待每位男生都要成爲強悍戰士，無異是種迷思。

15

別掉入「怪罪受害者」的霸凌藉口圈套

小元是班上的資優生，成績非常好，但從小體弱多病，有氣喘的問題。有時會因病請假，或是因病沒辦法上體育課。某天體育課時，小元說沒辦法上課，因爲她覺得喘不過氣來。有同學便在旁邊酸她：「又來了，又在裝病，看起來就沒事啊？」小元只能假裝沒聽見。另一日，小元因爲氣喘的問題，請假在家，又聽見有同學酸她：「裝病就能請假在家爽耶，我也來氣喘一下好了。」

不久後，小元覺得班上同學對她的態度不是很友善，且有意疏離她的感覺。最明顯的是，在小組分組時，沒人願意讓她加入，她也打不進班上的小圈圈，想找同學聊天，大家都冷冷淡淡沒什麼反應。老師覺察到這個狀況，提醒同學們，要心存善念，不要酸言酸語。但同學的反應卻是「她拿生病當藉口啦，那是她的問題啦。」、「是她在裝病，不想上體育課啦！」、「沒有人天天氣喘啦，是她天天拿氣喘當藉口啦。」小元當下不想反駁，不想和大家起衝突，於是忍了下來，而大家卻誤認爲她是默認。於是，更多同學認定她就是裝病，看不起她這種裝病的行爲，並怪罪她藉病請假。

若班上有一些白目的學生，像是會做出把別人的牛奶倒到涼麵裡面、炫耀自己成績並貶抑他人、到處伸腳絆倒同學等行爲的人，相信有極大的機會被全班多數人討厭。當這些白目的同學被欺負時，或許有些人還會暗自雀躍並說出「活該」或者「可憐之人必有可恨之處」之類的話語。

此時，霸凌者正是運用這種「怪罪受害者」的法則，盯上受害者。當欺負他人的行爲舉著正義之旗，當霸凌行爲不被追究責任，反而大多怪罪在受害者身上時，霸凌者自然可以從此事件中脫罪，因爲全部的焦點、該負的責任，都已被轉嫁到受凌者身上。

除了介入霸凌事件，更要輔導白目行爲

我們應該要了解「怪罪受凌者」是霸凌者的合理化藉口，藉此來合理化自己的攻

擊行爲，霸凌者可能的說法通常會有：

「是他／她先引起的」、「是他／她先挑釁的」、「是他／她太白目」、「他／她活該要受一點教訓」、「是他／她在霸凌我們吧」、「他／她被打被罵也是剛好而已」、「被打被罵被排擠後，看他／她會不會收斂一點」等。

在這個運用合理化藉口的過程中，霸凌者的攻擊行爲可能被縱容被默許，該負責的、該被責罵的種種，反而都轉移到受害者身上，霸凌者於是可以脫罪。而這就是霸凌者所要的：自身的霸凌與攻擊行爲其實是正義，該檢討的其實是受害者，受害者活該被欺負，只要受凌者有所轉變，就不會被打、被罵、被欺負了。

那麼，遇到這類白目型的學生，難道大家就只能忍讓嗎？身爲教師、家長或同學，就只能縱容白目學生的無理行爲，而不能怪罪嗎？其實，這些白目學生是需要被協助的學生，他們的行爲背後可能有需求未被滿足，例如人際關係不佳，所以運用挑釁行爲來與他人互動，因爲被罵總比沒有人理還來得好，這類型的白目學生需要的可能是同儕歸屬感，但又礙於自己人際技巧差，所以只會選擇差勁不適當的行爲方式來與同學互動。當我們可以進一步看到這些白目學生行爲背後的需求，身爲教師的我們可以做的不是只有「怪罪受害者」，而是可以協助他們改善人際關係、情緒管理和問題解決的技巧。

把焦點繼續留在霸凌者身上

再來談談霸凌白目學生的霸凌者，我們必須要意識到，霸凌者會用「怪罪受凌者」來合理化自己的行爲，目的就是在轉移焦點。當教師們有這樣的知覺時，再遇到霸凌者又開始「怪罪受凌者」時，就可以提醒自己，不要被轉移焦點，要把焦點繼續留在霸凌者身上。

教師或家長們可以這樣說：「我知道當事人有一些不適當的行爲，引起你和同學的不滿。這是他要處理的課題，但你的攻擊和霸凌行爲是不被允許的，而且比當事人的不適當行爲更嚴重、更過份，對於你的攻擊和霸凌行爲，有什麼要表示的嗎？」這樣的做法就是將焦點拉回到霸凌者身上，讓他們反思自己的霸凌行爲，意識到霸凌是錯誤且該被究責的行爲，讓霸凌者知道要改變他人是要靠從旁協助，而不是靠「暴力」或「霸凌」。

以上談的是霸凌者會試圖將責任歸咎於白目學生身上，其實霸凌者也有可能會盯上弱勢、無辜、沉默的受害者，我們可以稱爲弱勢受害者。霸凌者同樣會利用怪罪弱勢受害者來爲自己脫罪，以怪罪受凌者來合理化自己的行爲。例如以下這些典型的說法：

「我以爲他／她也想玩啊，他／她又沒說不要。」

「他／她自己不說出來，誰知道啊？」

「他／她面無表情的，誰知道他／她在想什麼，又不講？」

「是他／她不跟我們講話吧，他／她太高傲了啦，看不起我們。」

「我們只是找他／她玩啊，他／她應該要謝謝我們吧，眞是忘恩負義。」

霸凌者怪罪弱勢學生的背後邏輯與對待「白目學生」相同，就是爲了脫罪，爲了轉移焦點，以合理化自身行爲。要處理這類霸凌者的合理化藉口，一樣不要讓霸凌者轉移焦點，而要把焦點放在霸凌者的攻擊行爲上，師長們可以利用這樣的說法來反問：「別人有別人需要面對的課題及責任，這我們暫且不談，我們回到你的攻擊行爲或霸凌行爲上，針對你的攻擊行爲或霸凌行爲讓別人難過、受傷，你覺得是不是應該負起責任？是不是應該做些什麼來讓事情變得更好？」

分清界線，受凌者的處境則另外處理

最後，要記得，受凌者需要的是協助，而不是被怪罪。不論是被欺負或是自身挑釁言行，受凌者都需要協助，改變當下的處境，並讓自己變得更好。若是同學、師長、家長也一起怪罪受凌者，那正好順了霸凌者的意，因爲霸凌者成功轉移焦點，成功脫罪。所以師長們對霸凌者「怪罪受害者」的合理化藉口愈能保持警覺，就愈不會讓霸凌者轉移焦點，而把焦點放在讓霸凌者面對自己行爲的錯誤，勇於承擔責任。

回到前面的小元案例，小元並不是白目學生，而是被怪罪的弱勢受凌者，因爲體弱多病而被怪罪爲是在裝病，因而被看不起、被排擠、被霸凌。若老師的做法是接受了霸凌者的怪罪藉口，認爲小元自己要檢討，那麼，霸凌者的排擠與攻擊行爲就成功地被合理化了，被怪罪的、要負責的反而是被霸凌的小元。因此，成人必須警覺，霸凌者會用怪罪受凌者來作爲合理化藉口，當接受了這些藉口，也就代表著接受了霸凌者的霸凌行爲，認同了霸凌者的霸凌行爲，因爲霸凌者的行爲沒被追究，反而是受凌者要被怪罪。

或許有人會反問：小元眞的有裝病過幾次，不能怪同學誤會她。但事實上小元可能是因爲擔心自己的身體狀況，而作出了幾次不上課的決定，我們可以看出有身心病徵的脈絡可循，因此不是眞如同學所說的「每次都裝病」。而且，即使小元裝病，也是另外要處理的議題。在霸凌的事件上，教師該關注的是——霸凌者的加害行爲有沒有被制止，攻擊行爲有沒有被究責？

16

認爲是對方先挑釁而產生的霸凌行爲

阿力與阿翔是同學，單親家庭長大的阿力個性較衝動，手機一向不離手，最喜歡玩射擊遊戲，在與阿翔相處上偶有衝突。有一次，因爲小組作業任務分配問題，阿翔順口講了一句：「少講幹話！快點啦！」阿力覺得大家只是在討論及分配而已，爲何阿翔說自己在講幹話，於是便記恨在心。開始針對阿翔以言語攻擊，不但糾眾排擠，還私下說阿翔的壞話。

在某次小組討論時，阿翔對討論的進度不滿意，說了一句：「這樣討論沒效率，和沒效率的人在一起是在浪費時間。」阿力認爲阿翔在指責自己，出手揍了阿翔一拳，來表達內心累積已久的氣憤。從未受到這樣待遇的阿翔，震驚之餘立刻回擊，兩人頓時扭打在地，雙雙掛彩，老師接獲通知立刻前來制止，並通報學務處，兩人依校規處分。

在問阿力先打人的原因時，他說：「是阿翔先挑釁，爲何要處罰我？」

阿翔聽了更生氣：「我有說你嗎？你自己心裡有鬼，自己對話入座，還出手打人！」

「你說你有沒有經常找我麻煩！老師！阿翔霸凌我！」阿力說。

阿翔無法接受，大喊著：「是我被霸凌吧？我只是討論小組工作分配，就被打，還被排擠！」

在社會新聞中，偶爾會聽到有人在路上被「瞪」了一眼，於是覺得對方在挑釁，就不分青紅皂白把對方先打一頓，事後才發現對方四處查看是在尋找朋友。這些被「瞪」了一眼就覺得對方在挑釁的現象，就稱爲「敵意歸因謬誤」，也就是在面對模糊情境時，較容易認爲對方有敵意。

敵意歸因謬誤的發生原因

敵意歸因謬誤和目擊暴力事件有關，就認知常態化（cognitive normalization）的角度來看，目睹暴力會發展出對他人行動的敵意歸因、對暴力的常態信念。也就是說經常看到暴力、攻擊、體罰、家暴、霸凌的學生，容易敵意歸因，會覺得暴力行爲很正常，使用暴力能解決問題，暴力行爲沒有什麼大不了。敵意歸因謬誤也和收看暴力電視節目、關係攻擊的電視節目（如八點檔灑狗血般的劇情）有關，收看較多這類電視節目的學生，會有較高的敵意歸因謬誤，會認爲他人的模糊行爲情境都是具有攻擊性、挑釁的行爲。

模糊情境的敵意解讀可以用社會訊息處理理論（SIP）來解釋：

1. 當看到模糊行爲情境時（線索登錄）；
2. 有攻擊性的學生，比較容易會產生敵意歸因謬誤（線索詮釋）；
3. 於是會選擇以報復、攻擊、傷害他人關係爲目標（目標澄清）；
4. 接著從記憶中搜索可能的方式或建構新方式（搜索反應）；
5. 若目睹過較多的暴力電視節目或接觸過較多的暴力、攻擊、體罰、家暴、霸凌，則記憶中所搜索出的大多會是攻擊反應；較有攻擊性的學生會對攻擊行爲較正向的評估，決定採用排擠、暴力或攻擊行爲（決定行動）。

而攻擊行為後，可能會得到他人的報復，於是更加確認了自己先前的敵意歸因是正確的，謬誤因此產生。也使得未來遇到相似的社會情境時，就會自動快速的以上述方式來處理這類訊息。

師長需引導學生認清模糊情境並適當反應

對於有敵意歸因謬誤的學生，凡事都認為是對方先挑釁的學生，親師可嘗試下列建議：

1. 用電影或書籍來介紹模糊攻擊和霸凌範例，幫助學生辨識模糊或挑釁情境。
2. 辨識攻擊和霸凌情境中的角色，及他們可能的想法、情感反應、行動。
3. 用範例、討論、日記來協助學生辨識情緒喚起的生理與心理表徵。
4. 用角色扮演來教導調節策略。

5. 教導自我對話，重新框架敵意想法。
6. 教導學生果敢溝通技巧。
7. 協助學生辨識合適行爲反應的選項。
8. 避免接觸暴力電視節目。
9. 親師避免採用暴力、攻擊、體罰、家暴、霸凌來對待學生。

前述案例中，阿力將阿翔的任何話語，都當成是有挑釁意味的言語，都認爲對方的言語是衝著自己而來。而阿力選擇以霸凌行爲、暴力毆打來回應，卻都認爲是阿翔先挑釁的。就此來看，阿力似乎有敵意歸因謬誤的狀況。要改善阿力的敵意歸因謬誤，可參考上述的建議，例如採用角色扮演來教導調節策略，及協助阿力辨識合適行爲反應的選項，都會是有效的做法。

17

破解義氣相挺的霸凌行爲

徐文是位會念書的孩子，同時也是位重義氣的朋友。偏偏徐文交的朋友，多是一般人眼中的不良少年，整天惹是生非。小菲就是該群體中的一員，平常和大家玩在一起。徐文和小菲一夥人，會因爲看不順眼而去攻擊他人，或者沒有任何特別的理由就盯上某人以找點樂子。徐文和小菲覺得自己年少輕狂，只是愛玩，但對於被盯上的孩子來說，他們一群就是霸凌者。

某次，小菲因爲借錢產生了一些誤會，惹毛了班上另一群同學的頭頭賓哥。賓哥覺得自己被騙，被戲弄了，於是開始盯上小菲，賓哥同夥也一同攻擊小菲。那陣子，小菲被言語羞辱，書包被亂丟，課本被亂畫，於是就威脅警告小菲，惹錯人了，最好不要太囂張。徐文看不過去朋友被欺負，基於朋友間的義氣，和群體成員一起挺身而出，向賓哥他們嗆聲。徐文對著賓哥明講：「小菲是我們朋友，你不要動我的人。」兩派成員劍拔弩張的緊張氣氛，似乎一觸卽發，處理不愼就會變成群體鬥毆。小菲心想：「還好，徐文他們夠義氣，願意出面相挺，不然眞會被賓哥他們搞死！」

一般對於霸凌者的看法，就是易怒、具攻擊傾向、地位高、勢力強等，不認為霸凌者和挺身者有什麼關係。挺身者應該具有高社會地位、有同理心、會助人等特性。霸凌者及挺身者兩者間應該沒有太大關係。

但同儕關係在團體中是相當動態的，在一件霸凌事件中，學生A可能是霸凌者，但在另一個霸凌事件中，學生A可能變為吆喝者；在其他霸凌事件中，學生A可能就變為挺身者了。本文就是在探討這類的可能性。

前述情境，其實就是廣義的霸凌者（pro-bullies）群體間會相挺互助。例如常玩在一起的四位學生A、B、C、D，會一起欺負人，一起惡搞。當學生A盯上弱勢學生時，學生A就是霸凌者，學生B、C、D會在旁一起戲弄、鼓掌、叫囂、排擠等，學生B、C、D就成為隨從者或吆喝者。當換了一個情境，學生B盯上另一個弱勢學生，學生B就是霸凌者，學生A、C、D會在旁一起攻擊、嘲弄，學生A、C、D就成為隨從者或吆喝者。換言之，霸凌者與其朋友們，會互為霸凌者及隨從者。

另外，霸凌者與隨從者的群體，若團體中有人被欺負了，這個廣義的霸凌者群體也會出面協助相挺。例如學生D覺得被嘲笑、被看不起、被戲弄，學生A、B、C可能會出面協助及相挺，這時候，學生A、B、C就成爲挺身者。換言之，當自己的朋友被欺負了，霸凌者們也會出面協助相挺，霸凌者們會互爲彼此的挺身者。

從前述的情境，我們可以知道，廣義的霸凌者群體之間，其實有他們所謂的「義氣」。就是要玩一起玩，要打一起打，要罵就一起罵，要挺就一起挺，他們彼此之間會互爲霸凌者、隨從者、吆喝者、挺身者。此現象在女生群體內也可以觀察到，例如女生群體內有成員被說壞話、被言語騷擾或被攻擊，她的女生朋友們也會一起出面反擊與相挺。

要輔導管教這類廣義的霸凌者群體，只從單點突破的效果不大，因爲，這是整個群體的動態關係。因此，必須要全體團體成員一同處理。像採用修復式正義／修復式對話（restorative justice）或是支持團體法（support group method）等可納入群體成員的方法，才是有效的處置策略，詳細策略會在防制與輔導篇再詳談。

需納入全部群體成員一同處置

師長可以根據以下幾點，爲成員們釐清狀況，調解衝突，並告知正確的解決之道。

一、解構義氣及友誼的意義

眞正的友誼及義氣，並不只是有樂同享，而是有難同當，因爲有樂同享的多是酒肉朋友，有難同當的才是眞友誼。但有難同當並不是有朋友被打了，就一起幫忙打回去；有朋友被嘲弄了，要一起排擠對方。因爲用攻擊、排擠、嘲弄方式來挺朋友，是共犯結構，因爲一起採用了可能違規犯法的解決方法。眞正的有難同當是在朋友需要時（如車禍、家人亡故），給予情緒、人際、經濟上的支持，陪他走過難關。

二、教導問題解決策略

這類團體成員的經驗或記憶庫裡，可能具有「攻擊能解決問題」的認知基模。因此，當遇到朋友在霸凌別人、朋友被欺負了，他們習慣選擇用攻擊行爲來協助，或用攻擊行爲來反擊。然而，這只是他們缺乏足夠的解決問題經驗及方法，若他們的經驗或記憶庫裡有其他的替代選項可以選擇，相信他們的行爲就會有不一樣的開展方向。

三、認知到「以眼還眼」的無效性

這類型的學生，可能會用攻擊行爲來挺朋友們，他們常用的說法會是「有仇報仇」、「以眼還眼」，所以他們會選擇攻擊或霸凌行爲來進行回擊。然而，復仇並不能解決問題，只是會提升攻擊的惡意循環。而且，廣義的霸凌者可能會被霸凌，就代表對方可能是勢力更強的對象，要跟高勢力對象硬碰硬，只會兩敗俱傷。因此，需要釐清被欺負的朋友之需求，也就是說，他在意的到底是什麼?例如：朋友的書包被丟到垃圾箱裡，他的需要可能是恢復無臭無味又乾淨的書包，而不是打對方出氣。釐清了需求後，再跟對方談，相信會更有建設性，更能有效的回應其需求。

回到前面的小菲案例，徐文就是霸凌者，但在小菲被欺負時，徐文成爲挺身者。表示霸凌者爲了朋友，也會挺身而出，成爲挺身者。若遇到這樣的狀況，教師可以進行事件的釐清，協助化解小菲和賓哥之間的誤會，這對降低群體衝突會有幫助；最好將兩派成員均納入處理，讓他們知道除了動手動腳之外，還有其他的問題解決方法。最後，願意協助朋友、很講求義氣，這是好的人際特質，只是孩子走上了歧路，做了些糊塗事，若是能及時引導這群學生走上正道選擇正確方法來解決問題，讓他們知道應把人際支持發揮在正確的面向上，相信案例中的孩子不會一路錯下去。

18

學長學弟制可能助長霸凌

小世是國中棒球隊的成員，由於學校要求一週需要在校住宿四天。因此，球隊成員間的互動非常頻繁，加上球隊間的學長制問題非常嚴重，有一些陋習被傳承下來。小世只要是不服學長命令，就會被體罰，強迫做不合理的體能訓練，不從還會被打。有時候，學長們的過份欺壓，小世會和學長爭吵，想據理力爭，但教練只要聽到隊員們爭吵，就會不分青紅皂白先痛打一頓，使得小世後來被欺負了，也不敢跟教練講。

小世受不了被欺負，把事情向家人痛訴。家人向學校提出霸凌調查，校方卻回覆：那是棒球隊男生的嬉鬧，學長制是傳統，管教不算是霸凌。家長非常失望，堅持要追究校方、教練、棒球隊學長的責任。

由於球隊或運動社團中的訓練較爲嚴格，又有學長學弟制，一般觀點可能認爲：若是表現不夠好、不聽話，可能會被教練或同儕欺負。然而，參加球隊或運動社團就容易被欺負嗎？以下分爲四個面向來談：

一、體育環境中有高風險的受凌因素

其實，若是學生有身心障礙、過重、屬於少數族裔、性取向等特徵，都容易在球隊、泳隊、射箭隊等校隊或運動社團中被盯上。比較值得注意的是，若是團體中運動技能較差者，也可能被欺負，容易被怪罪爲不努力、不配合、拉低隊上的水準等等。另外，運動表現太好，也可能被霸凌，因爲會影響到其他隊友上場的機會。

二、在體育環境中的受凌者會選擇沉默

一般的校園霸凌，學生可能因爲不想講、不敢講、講了也沒用，而選擇不願告訴他人。在運動場域中，也有類似的情況。因爲傳統的體育文化並不鼓勵受害者打破沉默，因爲打破沉默，進行求助，可能會被視爲是懦弱的表現，這容易使受凌者更不受到歡迎，遭受更嚴重的暴力或霸凌。然而，愈不告訴師長或其他成人，則被霸凌的狀況愈不可能改善，只能默默承受。絕大部分受凌者會採取逃避的方式，不讓家人知道自己被霸凌的經歷。教練通常只關注運動員的球場表現，而忽略其中的人際關係，身爲旁觀者的其他隊友則傾向不介入。

三、在體育環境中霸凌常發生在更衣室

這部分和一般的校園霸凌相同，肢體、言語及關係霸凌都會出現。其中肢體霸凌常被掩蓋在運動競賽或是運動練習當中，例如在比賽時刻意的推擠或絆倒，或是故意不傳球給被盯上的同學。在運動訓練的過程中受到霸凌，有很高的機率在學校中也相同遭遇霸凌，霸凌者跟受凌者若是同校又同隊，雙方相處的時間非常長，將導致衝突增加。至於常發生霸凌的場所，運動員之間的霸凌最常發生在更衣室之中，因爲該處所少有成人及教練在旁監管。

四、霸凌對體育環境中受凌者的影響

一般校園霸凌的受害者，會有憂鬱、焦慮、自殺傾向、頭痛、懼學等負向影響。運動場域中也一樣，比較特殊的是會讓受凌者失去對運動的興趣，造成低自尊，覺得自己在隊伍中被孤立，因爲學業成績以及運動表現都不佳，對人際關係也缺乏自信，有可能會退出運動球隊，例如轉換隊伍或專長，或是停止訓練，全面退出，離隊後不再接觸該運動。

其實參與球隊、校隊、運動社團都是相當值得鼓勵，因為在球隊及運動社團內可以學到合作、人際溝通、團隊觀、挫折容忍及復原力等。本節談論參加球隊或運動社團容易被欺負的主題，並無意阻止學生或孩子去參與，而是希望能事先提醒校園中的球隊、校隊、運動社團也可能有霸凌問題發生，而教練、師長、成人、家長要提高敏覺力，覺察到疑似霸凌情況，宜立即介入制止。

再就小世的案例來談，棒球隊內有欺負學弟的陋習存在，教練的嚴格管教反而讓受凌者不敢聲張，造成小世在棒球隊內被欺負的現象。學長講的就是對的，學弟不聽話就會被懲處，這樣的制度文化，自然演變成為霸凌的助因。學長制是由軍隊文化流傳出來，軍中制度強調的是命令與服從，因此對學長學弟制的接受度較高。

但球隊、社團並非軍事單位，也非強調絕對服從，要在球隊或社團內繼續推行學長制，對人際關係不成熟的學生來說，有可能成為霸凌的溫床。與其強調絕對服從的學長制，不如推行以禮相待的球隊文化，年輕者要尊重年長者的經歷，年長者要照顧提攜年幼者。例如八年內拿到四個總冠軍的NBA球隊金州勇士隊，其球隊文化就相當值得借鏡，資深者願意帶領教導資淺者，給年輕人機會及鼓勵；資淺者敬重資深球員，並向他們請益，這樣才是球隊文化正確的發展方向。

19

四個方式，幫助受凌者擺脫隱忍

小華是小二的學生，下課時坐在座位上看故事書。小誠是個頑皮學生，跑過去捉弄小華，把他的故事書打到地上，小華氣得哭了出來，小誠還在旁嘲笑：「眞是愛哭鬼！」

類似的狀況其實發生了很多次，小華心有不甘，回家跟父母哭訴。

小華爸爸說：「小男生要堅強，有什麼好哭的？」小華媽媽很不悅，到校去找老師和小誠理論，當面告誡小誠不要欺負小華。但是，隔幾天，小誠又惡意拿小華的書及筆，丟到其他地方去，並說：「你害我被你媽媽罵，你愈是告訴大人我就愈要弄你！」小華又被氣哭了。但這次，小華回家後沒有再告訴父母。

這是網路上常見的典型故事。雖然教育部及學校組織，一直積極宣導，同學若遇到霸凌事件，應勇敢通報。然而，事實上，若學生真的遭遇霸凌事件，卻可能隱忍在心中，不敢對外張揚。有些教師及家長們認爲「不說出來，只會更糟啊！」、「不說出來，成人們沒辦法幫忙啊？」但是，這樣的說法，其實幫助不大，多數學生還是選擇隱忍。我們必須了解學生們背後的考量因素。

受凌者保持安靜的原因

通常選擇不說出來的原因有以下幾種：

1. **不敢講：**學生被霸凌後，可能懼於霸凌者的威脅，不敢對外公開。也就是說，因霸凌者的威脅使得受害者不敢說出來。
2. **不想講：**可能有學生正面對嚴重的情緒困擾，沉溺在負面情緒中，不想跟他人講；有些學生覺得丟臉，不想說出來；有些學生覺得這是學生問題要自己解決，不用靠大人幫忙；另有些學生覺得什麼事都要靠大人，會被看不起。種種因素的影響下，讓學生縱使被霸凌，也選擇不想告訴他人。
3. **講了也沒有用：**學生可能受過去經驗的影響，認爲講了也沒有用。例如，已經向老師報告過了，但老師只是唸一唸，情況也沒有改善；向家長講過了，但家長只說自己要堅強，或是要打回去。學生可能覺得就算向大人反映，也改變不了現況，於是便選擇不再告訴師長或家長。

4. **講了之後會更慘**：有一些被關係霸凌的孩子，就不敢講出來，因爲怕自己的處境會變得更慘。因爲，霸凌者可能因被告發而遭受處罰，而被處罰後就會找受凌者算帳，使得受凌者的處境更糟。學生若覺得講了之後只會「死得更慘」，可能就會選擇不告訴他人。

5. **認爲學校霸凌常見**：若學生處在校園霸凌相當常見的校園環境中，那麼，學生們可能會認定學校漠視忽略或容忍霸凌的存在，則學生們更不太願意說出來。

6. **會被家長處罰**：若家長傾向採用暴力處罰的管教態度，學生極可能選擇不說出來。因爲，說出來之後可能會被怪罪「一定是你做錯了什麼，才會淪爲這下場」，然後可能會被體罰。若是這樣的話，那學生選擇不講出來，也只是一種保護自己的方法。

宣導正確的觀念，讓他們願意說出來

學校及教育單位雖然積極宣導，被霸凌要盡速通報。但若無法有效解決受凌者不講出來的原因，就會淪於宣導歸宣導，霸凌的黑數仍不會被察覺及通報。若要徹底防制，應積極克服學生不願告訴他人的心理，教師們不妨以下面所述的幾種觀念與學生們溝通。

一、屈服於威脅之下，只是助長惡勢力

雖然霸凌者會加以威脅，使得受凌者更不敢說。但應讓學生知道屈服於威脅之下，只是助長惡勢力。通報校方，是爲了要讓學校更安全，不再有其他人受害。

二、自己無法解決的問題，可以請求協助

有些學生習慣什麼都靠自己，不要麻煩別人，但被霸凌是難以靠自己解決的問題，因爲會重複發生。當被霸凌之後，還想自己解決的，多半會是選擇忽略、選擇隱

忍，或是選擇反擊而被報復，這些都是不好的解決方法。要讓學生知道社會是人與人相關聯的場域，難以獨自生存或獨善其身，連大人們遇到困難都會選擇求助或請教他人，未成年的學生們當然更可以請求協助。

三、教師及家長要學習有效的霸凌防制策略

學生對成人們沒信心，可能因爲先前有教師或家長處理介入但無效的經驗，使得學生選擇不再告知教師或家長。因此，根本的解決之道，就是教師及家長要學習有效的霸凌防制策略。並讓學生理解霸凌事件的處理需要時間，需要採用各種不同方法，因此，不能期待在兩三天之內就能解決問題，必須給校方一些時間，讓學校、家長、同學們共同來商議及執行解決之道。

四、保護學生的安全，讓學生有安全感

很多霸凌事件是發生在班上，同學們天天相處，通報之後還會天天見面，自然會讓學生心中不安。這時，要讓學生知道，學校依行政規定，必須要通報，且積極介

入，才能根本解決問題。此外，不見得會用懲罰的方式來處理，因此通報者不用害怕霸凌者挾怨報復。教師也可善用旁觀者介入協助，徵求同學來陪伴及協助受凌者，讓受凌者有人支持，不怕落單而被報復。

回到前面的小華案例，現在大家應該可以看出，為何小華最後選擇不講出來，因為……

1. 小華不敢講——因為被小誠警告。
2. 講了也沒有用——雖然媽媽有到校處理。
3. 講了之後變得更慘的狀況——跟大人講了之後，被整得更慘。

若要改善受凌者小華不想講或不敢講的情況，大人在小華首次出聲求救時，就必須要嚴陣對待，否則像小華爸爸的輕忽，就會導致小華以後都不願告知；其次，也要讓小華知道，隱忍不說只是讓自己更深受其害，因為霸凌會持續不斷發生，面對自己無法解決的霸凌情況，一定要請求大人的協助；另外，學校及家長要通力合作，找出有效的霸凌因應策略，讓小華知道，講了之後是有效的，講了之後大人確實能幫忙解決。唯有如此，霸凌受害者才會放心、願意將事情說出來。

20

受凌者的自責傾向會帶來憂鬱

新冠疫情確診的同學慢慢變多，學校及班級也受到影響，因爲學生確診而被迫停班停課。在家遠距上課，對學生來說無異是個困擾，一則學習效果較不好，二則很容易受不了誘惑而上網，三則是仍然還有一堆大考小考需面對。

小乖的確診，使得學校班級被迫停課，雖然學校沒有公布是誰確診，但班上都知道是小乖害的。回復正常上課後，小乖在學校感受同學不友善的眼光，同學也自主地與小乖保持距離。小乖覺得不舒服，自己確診已經夠可憐了，還要面對同學不友善的對待。老師雖宣導，不要有歧視，但同學的態度依舊，有些人還說小乖身上有病毒。有些人甚至帶頭咒罵小乖「武漢肺炎」、「病毒王」、「COVID」、「爛人不要來學校害人」。

起初，小乖覺得自己很無辜，但時間久了，卻開始懷疑自己「是不是眞的如大家所說自己很爛？我是不是不該來學校害人？我得了COVID-19病毒，眞的是對不起大家！」而這樣的自我質疑，讓小乖的憂鬱狀況變得更嚴重了。

在某些狀況下，霸凌者、旁觀者，甚至師長會有怪罪受凌者的傾向，因爲「受凌者太白目」，或「受凌者被欺負爲什麼不跟老師說？」，甚至「受凌者太內向都不跟人講話」等原因。事實上，在學術研究中發現受凌者也會有自責的傾向。

當受凌者不斷地聽到別人的怪罪與指責，受凌者可能會自我懷疑，「明明不是我的錯，爲什麼大家都在怪罪我、指責我？」而自我懷疑久了之後，可能會慢慢地接受這件事，覺得「我可能眞的做錯了什麼吧！」而當受凌者開始有自責傾向時，霸凌者卸責之目的也就達成了。因爲霸凌者會產生合理化自己行爲的傾向，會向外怪罪與指責，以讓自己脫罪，「反正都是受凌者的錯，是受凌者自己要負責」，此時，霸凌者也就眞正的卸責了。

筆者與陳薇汝於二〇一八年發表的研究中，針對中小學學生受凌的自責傾向進行探究。結果發現，自責傾向愈高，與憂鬱的正向關聯就愈強。這表示若學生在霸凌情境中愈自責，則學生將會愈憂鬱。其次，該研究還發現，學生在關係受凌的自責傾向，會比言語及肢體受凌的自責還要來得高。這可能與攻擊類型有關，因爲言語霸凌及肢體霸凌都是由霸凌者主動、直接式的攻擊，較容易將責任歸咎於霸凌者身上，但關係霸凌是間接攻擊，和人際關係有關，部分受凌者可能會歸咎責任於自身身上，例如「我都沒有朋友，被排擠，可能是自己的講話不得體而引人討厭吧」。在角色方面，該研究也證實了受凌者的自責程度比未受凌者來得高，另外受凌者與雙重角色者（兼爲霸凌／受凌者）的自責程度有所不同，雙重角色者在霸凌情境中的自責程度會顯著高於受凌者，但受凌者與雙重角色者在一般情境，如不小心打破杯子，自責程度就沒有差異。這可能與雙重角色者的霸凌行爲有關，雙重角色者由於會霸凌別人，也知道自己有一些不當行爲，由此而對自己有較高的怪罪或自責狀況。

由上述的受凌者自責傾向研究，可以得到下列幾點啟示：

一、不要讓受凌者自責而愈來愈憂鬱

在受凌情境中的自責傾向與憂鬱有正向關聯，由於受凌會對受害者帶來身心困境，若受凌者還會自責，怪罪到自己身上，則受凌者愈增憂鬱。因此，針對受凌者的協助與輔導時，宜注意受凌者可能會有的自責傾向，要讓受凌者知道：被攻擊不是自己的問題，是霸凌者要負起的責任。

二、教導人際技巧以改善人際關係

在受凌情境中，關係霸凌受凌者的自責傾向會高於言語及肢體受凌。爲了避免被霸凌了還怪罪自己的狀況，我們應該思量如何改善受凌者人際技巧，將會有所幫助。若自身的人際互動沒什麼大問題，與人溝通也沒什麼障礙，卻還是遭受關係霸凌，那當然是霸凌者要負責的問題。

三、要額外關注雙重角色者的自責傾向

由於雙重角色者會有霸凌行爲也同時被霸凌，而且，雙重角色者的自責傾向比受凌者來得高。因此，宜特別關注雙重角色者的身心狀況，因爲自責愈高就愈憂鬱。此外，還需協助雙重角色者改善自己的霸凌行爲或其他不當行爲，才能使雙重角色者的

身心及人際能有更健全的發展。

再以小乖的案例來談，因爲確診而被排擠、被言語攻擊、被責難，久而久之就開始質疑及怪罪自己。這就是受凌者的自責傾向。小乖就是屬於高自責傾向的受凌者。由於受凌者的自責與憂鬱有關聯，因此，宜協助小乖改善其自責的狀況。例如確診不是自願的，是被傳染的受害者，攻擊確診的受害者是攻擊者的錯，是班級環境的不友善，不是小乖的錯。當然，形塑友善、尊重的班級氛圍也很重要。教師要爲同學建立正確的認知及態度，例如人不可因疾病、性別、種族、認同、國籍、家庭、經濟等而被歧視。

21

避免教導孩子以暴制暴

小簡是位嘴巴有點厲害的國中女同學，很愛損人。某天，學校要打疫苗，小遠因病無法施打疫苗，小簡走過去損了小遠：「哈哈哈，你有病，不能打疫苗。」

小遠很生氣的推了小簡的背，叫她不要亂講話。小簡不甘被推，反推了小遠的肩膀，說道：「你推什麼推啦？」小遠爆氣之下，衝動的對著小簡的臉揮了一拳。

學校請雙方家長來校協商，小遠父母願意賠醫藥費，但反控女生經常言語騷擾及言語霸凌同學；小簡父母則很不滿地說：「小簡只是在關心同學沒打疫苗，臉上就被打一拳，這才是霸凌吧！」

事後，小遠的媽媽表示，小遠先前常被小簡言語霸凌，被叫「死胖子」、「長得很醜」及「去死」等，使得小遠不想去上學。校方雖然將小簡納入輔導對象，但仍未能減緩其惡意言語。

所謂「人善被人欺，馬善被人騎」。這樣的概念其實深植在部分人的心中。其背後蘊含的意思就是不能表現太懦弱，要強悍一點，才不會被欺負。無怪乎，曾聽聞一些家長教導自己的孩子：如果被欺負了，就要打回去，這樣對方就不敢了。採用這樣攻擊式的回應方式，是否有用，以下分幾點來談：

一、若自己的孩子有激怒他人行爲，再打回去會更嚴重。

有些孩子的個性比較白目，容易激怒他人，這樣個性的孩子，如果再教他被欺負就打回去，這對霸凌者或旁觀者來說，就是單純的激怒行爲升級爲激怒加上攻擊行爲，使霸凌者或旁觀者更厭惡當事人。當人際關係變得更糟，被霸凌的情況可能會更惡化，而不見好轉。

二、若自己的孩子是弱勢族群，再打回去無異送死。

有些孩子屬於弱勢族群，如個性懦弱、內向害羞、動作緩慢、生理缺陷等，如教導弱勢族群被欺負了要打回去，只是讓他們在面對強勢同儕時，情況變得更悲慘而已。更危險的是，當有些弱勢孩子接受到要打回去的訊息時，可能會採用更危險的錯誤行徑，如隨身帶刀子。因此，教導弱勢族群的孩子要打回去，事實上只會更糟。

三、教導孩子用暴力來解決問題，並不是好的教育策略。

解決問題有很多種策略，若教導孩子打回去，事實上就是暗示孩子可用暴力來解決問題，本身就是不好的教育策略。教導孩子的正確方法，應該提升孩子的問題解決能力，如分析問題，了解問題的根源與需求；要提出各種方案，再思考評估哪一個方案較能有效回應需求。再舉一個例子，若被流氓小混混拿著棍棒勒索金錢，還被打了兩巴掌，若依照前述的邏輯，您應該會選擇「打回去」。但事實上，我們都知道這是不可能的，面對流氓小混混選擇打回去只會讓自己變得更危險，我們該選擇的策略應該是大聲求助、尋求他人幫忙、盡速報警……，同樣的道理，當孩子被欺負，也不宜教導孩子打回去。

四、外化策略是屬於無效的因應策略。

教導孩子打回去，就屬於受凌者因應策略裡面的外化策略。在〈31辨識家長常用的處理策略〉一文中，已指出外化策略是屬於學生較少使用且無效的策略。就此而言，教導孩子無效的策略，只會讓孩子更身受其害。

總之，教導孩子被欺負了就要打回去，其實並不能解決問題，只是會讓問題更複雜、更難解決。孩子被欺負，要讓弱勢的孩子選擇反擊，只會讓問題更惡化無法收拾，孩子也沒有學到好的問題解決法，只學到了以暴制暴的錯誤觀念。

以小簡及小遠的案例來看，小遠常被小簡言語騷擾，小遠是被言語霸凌的一方，但小簡的惡意言語似乎沒有減緩的跡象。因爲不能施打疫苗而被酸的小遠，在被推打肩膀之後，盛怒之下打了小簡一拳。其實，這算是暴力攻擊或反擊行爲，並不算是霸凌。反倒是小簡，經常言語騷擾小遠，其實小簡才是言語霸凌者。

然而，被言語霸凌的小遠，在被欺負之後選擇打回去，這樣的以暴制暴方式，並無法解決問題，反而只是讓問題升級到要讓雙方家長到校處理。而且，合理的推測，小簡那很厲害的嘴巴，在被打一拳之後，仍不會有所改變。因爲言語習慣或愛酸、愛損人的習性，並不容易改變。也就是說，縱使打回去，仍可能無法改變被言語霸凌的情況。以小簡的情況來說，她需要的是溝通技巧訓練，例如改用果敢說話來取代攻擊言語；需要同理心訓練，了解被酸的人內心會有什麼感受。如此才有可能改變小簡的過激的言語與行爲。

22

受凌者爲求生，轉變成霸凌者

小元是長得有點壯的國小學童，加上正在發育，成長速度很快，身上的衣褲顯得有點小件。有一次，在教室內要坐下時，褲子「啪～」的一聲就裂開來，同學見狀紛紛過來嘲笑他，說道：「小元，你大屁股哦，露內褲了啦，笑死人了！」自此以後，小元就被稱爲大屁股或內褲王。小元很不喜歡這些綽號，但同學們天天這樣叫，反映也沒用，小元就只能默默地忍著。

有一天，另外一位同學彬彬不小心在教室內尿褲子，同學們開始稱彬彬為「尿尿小童」。小元心想：「太好了，我終於可以解脫了！」小元發現，原來要讓自己脫離被言語霸凌的狀況，就是要找另一位替死鬼。於是，小元跟著稱彬彬為「尿尿小童」，愈叫愈大聲，怕大家沒聽到，還持續好幾次。雖然跟著他人嘲弄彬彬會有點不好意思，但小元還是慶幸自己終於可以脫離被叫難聽綽號的日子。小元從原本的受凌者，轉變成為從眾的霸凌隨從者，甚至是帶領大家言語霸凌的霸凌者，小元覺得這樣就能夠保護自己。

一般多認爲霸凌者就是像「胖虎」那一型的同學：勢強力大、囂張跋扈、恃強凌弱。然而，在實務現場上，也會看到有些學生，是由受凌者轉變爲霸凌者。

受凌者轉變爲霸凌者的原因

家長或老師們可能會疑惑：被欺負的人怎麼會變成霸凌者？這可由幾點理由來進行分析：

一、觀察學習：學生被欺負久了，誤以爲社會上、學校內就是弱肉強食的文化，於是會找尋校內或班內更弱勢的對象。也就是說，霸凌行爲可能是經由模仿而來，被欺負久了也知道有什麼方法可以欺負別人。

二、讓自己看起來更強勢以保護自己：被欺負久了，學生或孩子會開始自己懷疑，也會思考：是不是因爲太軟弱，所以被欺負。於是，有些學生或孩子爲了想讓自己看起來更強勢，就開始盯上更弱勢的受凌者，以彰顯自己的存在感與勢力範圍。

三、緩解內在情緒壓力：學生或孩子被霸凌，心裡會累積很多負向情緒，日子過得並不好。而他們會學習尋找其他方法來改善現況，或想辦法讓自己好過一點，例如，有些學生或孩子會想去學空手道、有些學生會開始大吃大喝來緩解壓力、有些孩子會有自傷行爲……。有些學生則會選擇攻擊他人來舒壓，該類學生就會變成霸凌者。

四、提升自尊與地位：當學生被欺負久了，可能會錯誤認爲「霸凌者好像可以透過攻擊他人而獲得利益」，例如，大家都怕他、社會地位很高、可使喚人去跑腿、變得比較受歡迎……。當孩子爲了想獲得尊重、社會地位、自我價值、想變得有人氣，可能就會以霸凌行爲做手段來達成這些目標。

五、想讓原霸凌者轉移目標：有些學生或孩子爲了保護自己，選擇去攻擊其他更弱勢的孩子，有可能是想讓原霸凌者看到「還有其他人可以欺負耶」、「霸凌其他人比較好玩吧」，也就是說，是想透過霸凌更弱勢的孩子，來試圖讓原霸凌者可以轉移目標，轉而霸凌其他對象。

六、加入原霸凌者的行列以自保：當原霸凌者可能同時欺負兩位弱勢學生時，其中一位受凌者可能會選擇加入原霸凌者的行列，一起欺負另一位更弱勢的對象。其背後的想法就是「寧願加入原霸凌者的行列，一起欺負別人，也不要別人欺負我」。

預防受凌者轉變爲霸凌者

學校及家長要如何防範自己的學生及孩子從受凌者轉變爲霸凌者，在此提出幾項建議：

一、察覺霸凌要立即制止：霸凌事件會持續發生，當霸凌發生後若未被立即制止，情況可能會更加惡化。當學生看到霸凌他人卻不會被師長學校處置，還可能獲得利益，自然有人會仿效之。因此，立刻制止霸凌事件，營造好的班級及學校氛圍，是相當重要的。

二、強化學生的同理心：學生或孩子被欺負過，當然知道被霸凌的苦痛，當然了解那種不想上學、看到對方就怕的心理煎熬。家長或教師可以試圖喚醒他們被欺負時的感覺，讓他知道「人同此心，心同此理」。大家都會痛、會哭、會難過、會躲，由強化同理心，來制止受凌者變成霸凌者。

三、學習有效的舒壓方法：學生所採用的情緒處理方式可能是不願回想，或選擇較不好的情緒管理方法，例如大叫、丟東西、攻擊、自傷等，這些無效的方法仍有學生採用。因此，教導學生有效的舒壓方法是重要的，例如：鼓勵學生投入運動，以運動來舒壓；或者發展興趣，如吉他、繪畫、街舞、模型等；學習正念或靜坐也是有效舒壓的方式。

四、宣導霸凌相關處置措施：當學生覺得霸凌他人也不會怎麼樣，霸凌他人就算被懲處也不會太嚴重，孩子或學生可能就會加入霸凌者行列，或是盯上其他更弱勢的學生。因此，讓孩子及學生清楚的知道，霸凌行爲會被通報，會被行政懲處，會被導師管教，會被輔導室介入輔導，會被家長帶回管教，甚至可能移送司法機關等，讓孩子及學生心生警惕。

五、看清楚由霸凌而來的人氣是虛假的：好相處、幽默、熱心、人際關係佳的人，才會眞正受到歡迎。若是由霸凌而得來的人氣，則是基於恐懼、害怕、從衆、利益，這種人氣是虛假的、不實的、無意義的。教師要讓學生及孩子看清楚這一點，不要藉由霸凌去獲得虛假不切實際的人際關係。

就前面的小元案例來看，小元從原本的受凌者，轉變爲言語霸凌者，其想法主要是想讓原霸凌者轉移目標，以及加入原霸凌者的行列以求自保。簡言之，就是爲了要保護自己，寧可加入攻擊的行列或帶頭霸凌，也不要自己再被攻擊。要改善小元的行爲，可由強化小元的同理心開始，因爲小元自己也不喜歡被叫大屁股或內褲王。同樣的，彬彬也不喜歡被叫尿尿小童，讓小元由同理他人的情緒開始，逐漸停止自己的不當行爲。

另外，班級導師的覺察與處置也很重要，不要放任同學們亂取難聽綽號，這些綽號對當事人來說都可能會造成內心受創，不可輕忽。只要教師願意出面制止、警告，解析難聽綽號可能對當事人的不良影響，相信班級內亂取綽號的情況會改善很多。

23

被霸凌後仍不被擊倒的五個關鍵要素

小部老師小時候長得肉肉的，曾有被霸凌的經驗，家人告訴小部：「不要理它就好！」小部那時候的內心想法就是：「跟大人講沒有用。」

小部後來當了國小老師，學生小嘟跟小部老師說：「有人一直罵他肥豬。」小部老師也很自然的回了一句：「不要理它就好！」後來，小部老師意識到自己犯了和小時候的大人一樣的錯誤，於是在當天下午，約了小嘟來聊聊，小部老師告訴小嘟，有和霸凌者談過，也和其他老師合作處理過，但有些言語習慣看起來不容易改變。小嘟擦了擦眼淚，說沒關係，手上拿了一張耶誕公演的邀請卡，希望老師能去參加，但卻說：「你不能來也沒關係。」但小郁老師去看了那場公演，還買了雞腿送給小嘟，小嘟和同學們拿著雞腿在玩鬧。小嘟在國小畢業前夕，跑來找小郁老師，說：「我以後如果得金馬獎，我一定請你吃炸雞！」

被霸凌的受害者，對身心各方面都有不良影響，如憂鬱、焦慮、拒學、高自傷傾向、高自殺想法等。然而，有些孩子縱使被霸凌，仍能適應良好，仍能正常度日。了解這類孩子背後的關聯因素或特質，將有助於協助其他受凌學生，能有更佳的適應。

以下針對受凌與憂鬱、受凌與自傷、受凌與焦慮之間的調節變項進行探討，簡言之，就是想了解受凌者可能受到什麼因素的影響，使得受凌者的憂鬱、焦慮、自傷情況降低。

一、受凌者有良好的人際關係

曾聽聞一位受凌者（國中男生）現身說法，他說班上某同學對他一直有敵意，常會言語攻擊或糾眾攻擊他，他也不知道爲什麼。而這位男同學所受到的身心傷害其實不明顯，仍是正常活動與發展。究其原因，他說：就不要和那個敵意同學有互動，反正還有其他同學可以一起玩。以這個例子來說，受凌者擁有健全的人際關係就顯得相當重要，還有朋友願意互動，還有同學可以正常交流，對孩子的身心發展是有正向助益。

二、受凌者採用正向的認知轉換

受凌者在校或在網路上被攻擊，這樣的負向生活經驗，其實會對受凌者產生不良影響，例如憂鬱、焦慮等。若受凌者又存有負向的認知思維，例如反芻思考，就是不斷思維該痛苦經驗；或是存有災難化思維，就是過度強化該經驗的恐怖程度，那麼受凌者的憂鬱或焦慮程度可能會更爲加劇。若受凌者能學習進行認知轉換，例如採用正向重新聚焦（positive refocus），即正向轉移注意力，也就是想想生活中其他快樂的事情。二〇一四年國外的一篇研究發現，低正向重新聚焦組的受凌者與憂鬱、受凌與焦慮的關聯比較高，高正向重新聚焦組的受凌者與憂鬱、受凌與焦慮的關聯顯著較低。也就是說，鼓勵孩子多想想生活中值得快樂的人事物（鼓勵學生採取正向重新聚焦），而不要讓自己一直專注在負向的情境或情感上，不要覺得因爲被霸凌所以人生就毀了（避免採用反芻思考、災難化思維），將有助於減緩孩子的憂鬱或焦慮程度。

三、受凌者感受到教師支持

人在逆境中，最害怕的事情之一就是孤立無援，被霸凌的學生也是一樣。在學校中，若能得到成人的協助，尤其是教師，對孩子的身心安定感來說，會有很大的幫助。二〇一二年國外的一篇研究指出，關係受凌的少數族裔中學生較容易有憂鬱傾向；但若是知覺到教師的支持，能調節少數族裔中學生關係受凌及憂鬱的關係，尤其是中度到重度的關係受凌。也就是說，若受凌者能感受到教師的支持，對於中度或重度受凌的學生來說，其憂鬱程度會降低。這就顯示了教師對受凌者的關心與支持極其重要。

四、受凌者有家長的支持

若受凌者在校有教師支持，在家有家長支持，則受凌者的身心困境將能有效緩解。二〇一五年的一篇研究結果發現不同程度的家長支持在霸凌、受凌與自傷行爲之間，以及憂鬱情緒及自傷行爲之間，具有調節作用，若家長支持程度較低，會導致青少年在應對憂鬱情緒時傾向於自傷行爲等不良方式上。因此增進家庭親子關係，如建立家庭有效溝通的方式，父母能協助處理子女的問題，並能爲孩子的情感困擾提供支持等，都能改善受凌者的身心適應狀況。

五、受凌者擁有生命意義

會走上絕路的孩子，其實大多是覺得活著沒什麼意義，活著就只有痛苦，於是選擇親手結束自己生命。研究也顯示，缺乏生命意義是自殺的危險因子。反之，若能具有生命意義（例如有正向人際關係），將有助於緩解壓力，並能降低受凌的負向影響。一篇二〇一四年的國外研究顯示，如果覺得生命較無意義，則男生受凌與自殺意念有顯著關係；若覺得生命意義較高時，則受凌與自殺意念無顯著關聯。

由此可知，擁有高生命意義的孩子，縱使被霸凌，其壓力或自殺想法仍會比較低。因此，如何鼓勵孩子找出自己的生命意義，對受凌者能提供極大助益，例如「爲了家人，我要活得更好」、「我希望我的家人朋友能過得更健康快樂」、「我想貢獻所長來造福人類」等。

回到前面的小部與小嘟案例，小嘟被言語霸凌，縱使老師有介入處理過，但狀況看來似乎沒有改善。小嘟卻能在戲劇演出之中，找到自己的樂趣與成就感，還希望以後可以得金馬獎。小嘟就是被霸凌還能適應良好的例子之一。而小嘟能適應良好的關鍵，在於有小部老師或其他老師的支持，讓小嘟知道自己不是獨自一個人面對霸凌。另外，小嘟在戲劇演出找到自己的生活目標與生命意義，知道自己能在其他領域發光發熱，證明了自己有足夠韌性，不會被霸凌者輕易擊倒。這些都是幫助受凌者，讓他們在被霸凌後仍能適應良好的關鍵要素。

24

正向人際支持有助脫離受凌處境

小學時候的阿德，因爲家庭經常發生爭吵，家裡能提供的支持力量並不多。在學校，阿德有時候會被欺負，被看不起，被言語嘲弄，這都讓阿德的內心很不是滋味，阿德想著：「我一定要脫離這樣的生活。」

阿德的叔叔是地方的角頭，阿德決心要加入幫派，讓自己不再被欺負。於是，國小的阿德開始打架、跟著討債、欺壓同學、逃學、攻擊老師……慢慢地，阿德發現沒有人敢動他了，大家會開始怕他，會尊敬他，阿德很滿意這樣的改變。升上了國中，阿德開始玩廟會，參與幫派。阿德的朋友漸漸多了起來，再也沒有被欺負了。

未涉入霸凌的人與受凌者在身心健康上有很大的差異，受凌者在身心上都深受其害。一般認為白目學生、弱勢族群、不合群學生、特殊學生等較容易被霸凌，然而，哪些學生可以脫離受凌？他們和其他的受凌者有何不同？這實是有趣而待討論的議題。

正確的社會支持途徑可協助受凌者脫離

國外學者 Smith 等人針對未受凌者、脫離受凌者、新受凌者、持續受凌者等四類對象進行訪談分析，結果發現：

未受凌者與脫離受凌者，在身心適應上的差異不大。由於不需面對霸凌，因此身心困境較輕微。

新受凌者與持續受凌者需面對霸凌，會有較嚴重的身心困境，包括人際關係不佳、經常曠課、出現較多問題行爲、較會怪罪自己、較不願告訴他人等，兩者在身心適應狀況上也較爲近似。也就是說，只要是受凌者，都需要協助，不論是新受凌者或持續受凌者。

前述研究也探討了脫離受凌者所採用的因應策略，他們發現脫離受凌者身分會採用尋求社會支持的因應策略，包括告訴他人、尋找更多朋友，比新受凌者所採用的策略來得多。此結果揭示了兩個重點：

一、告訴成人的重要性

受凌者難以自行面對霸凌困境。孩子若能勇於告訴成人，由成人提供介入及協助資源，對制止霸凌能產生積極的功效。因此，必須要挑戰孩子們認爲「告訴成人也沒有用」的錯誤信念。鼓勵學生告訴成人是相當重要的。

二、改善人際關係的重要性

當受凌者的社會關係改善時，身旁有朋友支持陪伴，霸凌者在攻擊時就要考量要額外付出的成本。另外，在面對受凌困境時，若有朋友在旁，能提供心靈及情緒上的重要支持，使受凌者比較不會胡思亂想或走上絕路。但受凌者的人際關係可能沒有那麼容易改變。這時候，師長們可善用同儕支持系統（如夥伴配對、小天使），指定熱心助人的同學協助受凌者，這也是協助受凌者的有效方式。

協助受凌者脫離三方法

另一個研究是 Wolke 等人的發現，他們探討了什麼樣的學生會持續受凌，這對思考如何協助學生脫離受凌帶來貢獻。他們發現直接霸凌（言語與肢體霸凌）的受凌者，在後續追蹤研究時較可能仍持續受凌，而且，女生或獲得較少正向同儕提名（人際關係不佳）能預測其持續受凌的狀況，在追蹤研究時也會有較多的關係受凌。再就間接霸凌（關係霸凌）的受凌者而言，若是身處同儕階層較明顯的班級、獲得較多負向同儕提名（人際關係不佳）、較有情緒問題，在後續追蹤研究時較可能成爲關係霸凌的受凌者。此結果揭示了幾項啟示：

一、改善人際關係相當重要：只要是人際關係不佳，就有可能持續成爲直接霸凌或間接霸凌的受凌者。就此而言，教師及家長宜正視如何改善受凌者的人際關係，這對終止受凌、讓學生脫離受凌實是相當重要的關鍵。

二、改善情緒問題：若情緒容易失控，易哭、易鬧、易怒的人，在班上容易被討厭，進而可能被攻擊或排擠。再者，霸凌者也可能盯上這些有情緒困擾的學生，因爲他們容易有「反應」，能讓霸凌者容易找到樂子。因此，如何協助受凌學生改善情緒狀況，改善易哭、易鬧、易怒的狀況，對協助學生脫離受凌，相信能帶來助益。

三、營造良好班級氣氛及人際互動關係：班級裡若是存在著明顯的同儕階層，誰是出鋒頭的老大或女王、誰是隨從者、誰是小嘍囉、誰是邊緣人，明眼人自會一清二楚，這樣的班級就容易產生霸凌。教師宜由班級經營著手，打破優勝劣敗、恃強凌弱的班級權力階層，試圖營造良好班級氣氛及人際互動關係。

再就阿德的例子來說，阿德從小被欺負，一直到加入幫派，開始爭強鬥狠，才脫離被霸凌的宿命。對阿德來說，背後有靠山（強而有力的人際支持），就不用怕被欺負。其實，阿德想要脫離被霸凌的生活這是正常的，但他選擇了錯誤的道路，就是加入幫派。

事實上，有效的脫離受凌方式之一，就是改善受凌者的人際關係，讓受凌者學習加入新的社群，例如球隊、社團、正派宗教團體等。這有助於當事人被霸凌後能有同儕的支持力量，讓受凌者可以轉換環境，心靈有所寄託，獲得其他同儕的支持。阿德加入幫派，有黑道兄弟當靠山，能脫離霸凌，其實也就是同儕的支持力量，只不過，走上幫派這條不歸路，讓阿德的青春蒙上的陰影，盡做些違法亂紀的事，有可能要背負前科或進監獄服刑。因此，改善受凌者的人際關係很重要，但要慎選朋友，交到壞朋友可能就會走上歧路。

CHAPTER

4

面對家長——溝通與協力

孩子涉入霸凌，家長該怎麼辦？學校與教師要扮演好協助的角色，透過溝通對孩子展開後續輔導。

25

孩子疑似霸凌者，學校五步驟處置

阿揚是國中生，在學校是愛作亂、愛耍流氓的學生，阿揚的強勢及欺負他人的作爲，不但沒有被同學們制止，反而受到阿揚朋友們的讚賞與奉承。於是阿揚更自恃膽識與凶狠過人，在學校橫行霸道，大家都怕他三分。

有一次，阿揚欺負小光，在旁的小戴看不過去，挺身幫小光講話。但小戴挑釁的態度，惹得阿揚很不爽。阿揚號召朋友們要「教訓」小戴。他的同黨們拿出長木刀，一直往小戴的身上打，小戴爲了試圖接住長木刀，大拇指被打斷出血，同學們見狀馬上一哄而散。學校知悉後，馬上進行校安通報，因爲涉及阿揚霸凌小光，於是準備召開「校園霸凌防制小組」會議。

阿揚的父親到校關心後續處理狀況，表示「一定是對方先挑釁的」、「我家阿揚是被帶壞的」、「阿揚行爲又不嚴重，其他人錯的更多吧！」接著，阿揚父親緊張地詢問校方，學校接下來會如何處理？

若是自己的孩子涉入霸凌事件，而且被認定是疑似霸凌者時，家長可能會開始擔心，想要確認「發生了什麼事？」、「孩子真的有霸凌他人嗎？還是誤會一場？」以及「孩子會被如何處置？」由於多數家長並不清楚霸凌事件處理流程，因此，多會抱著忐忑不安的心，不了解也不放心學校的處置。

根據教育部準則公平公正調查

當事件發生時，身爲教師有必要對家長說明相關的處置流程。自《校園霸凌防制準則》公布以來，學校一直都依循該準則進行霸凌事件的調查，處理的方式如下[3]，可以將相關背景與流程告知家長，表示一切都會合法合規進行。

一、接獲檢舉並通報

當學校將孩子涉入霸凌事件的訊息通知家長時。其實，表示學校已接獲檢舉，所謂的檢舉，就是有人「具名」向學校或教育部通報霸凌事件，不論是電話、口頭、

Email 或經由媒體報導，學校要在二十四小時內進行校安通報，讓教育主管機關知悉，並準備進行後續調查。

二、校園霸凌防制小組責成審查小組確認是否受理調查

學校依權責，要組成「校園霸凌防制小組」，成員包括校長或副校長、教師代表、學務人員、輔導人員、家長代表、學者專家／社會公正人士，高中以上還會再納入學生代表。校園霸凌防制小組會先指派三人審查小組確認要受理或不受理檢舉案件。若是明顯非屬校園霸凌事件，或是沒有對象及具體內容，則審查小組有可能決議不受理該檢舉案件。

三、由校內調解調查或組成調查小組進行調查

3 校園霸凌防制準則會於二〇二三年下半年進行修訂，現有資訊是依教育部修正草案進行撰寫，相關內容及程序請以修訂通過後之校園霸凌防制準則爲基準。

疑似生對生霸凌事件，審查小組認為情節輕微或事實單純者，得決議不召開校園霸凌防制小組會議，而由學校直接派員調解及調查。若是生對生霸凌事件經認定屬於情節重大，會召開校園霸凌防制小組，並依規定組成調查小組進行調查；若是生對生霸凌事件非屬情節重大，則可由學校直接派員調解及調查。

不論是校內調查或是調查小組，會約定時間開始進行約談，並做成書面紀錄。通常會約談疑似霸凌者、受凌者、其他學生、教師等，以分別取得雙方說法。您的孩子會在這個階段被約談，陳述到底發生了什麼事，家長可陪同出席。通常，這份調查會在兩個月之內完成（必要時會再延長兩個月）。

四、確認是否為霸凌事件

若是由校內調查，會完成調解調查報告，供學校審議，這部分是依教育部的校園霸凌定義來判定，並進行後續的管教及輔導措施。若由調查小組進行調查，完成調查報告後，會由校園霸凌防制小組依校園霸凌定義，來判定是否屬於校園霸凌事件。若確切屬於霸凌事件，學校會擬定輔導管教措施，包括懲處、管教、後續輔導等。

五、可向學校申請調查報告

學校做出是否屬於霸凌的決議後，會通知家長。家長可向學校申請提供調查報告，裡面會載明相關事實、懲處或輔導措施建議及相關理由。

若您是霸凌者的家長，與家長及孩子有關的部分，就是調查約談、接獲學校決議。若對學校決議有不服時，可向學校提出聲明。若經學校決議後，確定是校園霸凌事件，學校會有相關的懲處、管教及輔導。您的孩子會依霸凌事件的情節嚴重程度，被處以如愛校服務、記過或其他懲處，而且，導師及輔導老師也會進行後續的管教及輔導措施。

幫助家長讓孩子知錯能改

最後若確認霸凌事實時，校方或教師需要建議或協助家長，與孩子好好談談，讓孩子做好接受懲處的心理準備，並希望孩子爲自己的行爲負起責任，理解做了錯事，就要勇於承擔後果。若孩子覺得被懲處、管教、輔導是很麻煩的事，那麼正好讓孩子記取「霸凌或攻擊他人，可能會讓自己落入麻煩窘境」的教訓。並藉此鼓勵孩子，學習人際技巧、情緒管理技巧、問題解決技巧，而非以霸凌或暴力來解決事情。

回到阿揚案例，阿揚的父親被通知到校，學校會告知阿揚涉入了霸凌事件（小光）及暴力攻擊事件（小戴），阿揚父親也不清楚接下來學校會如何處理。就小光被霸凌的事件來說，學校會進行霸凌的調解或調查，阿揚會被調查委員約談，以了解事件的前因後果及涉入狀況。與阿揚父親有關的部分，就是阿揚父親可在孩子被訪談或陪同出席，並於收到學校決議時，可向學校申請提供調查報告，以了解事實經過及霸凌判定依據。若有不服，可向學校聲明，並尋求上級主管機關之救濟。

26

面對受凌孩子與家長，先處理情緒

國中生小浩墜樓，送醫治療後，雖搶救回一命，但持續昏迷中。父母不相信自己的孩子會自殺，但也不清楚爲何孩子會墜樓，相當的無助與擔憂，想要追查事情的眞相，於是請學校及警方協助，但因爲沒有相關證據，學校及警方也找不出有他殺的可能性。

就在小浩的父母手足無措之際，收到了一段影片，片中的小浩被人毆打。小浩的父母感到相當震驚，在家乖巧的孩子，爲何會在學校被毆打欺負呢？於是相當氣憤，自己的孩子在校被打、被霸凌，而學校卻對這件事絲毫不知。小浩的父母將影片提供給學校及警方，學校也只是追查涉事者的身分，但後續的相關作爲卻相當消極；警方則認爲影片內容與小浩墜樓沒有直接關聯。小浩的父母感到相當失望，看起來加害者似乎毫無悔意，加害者父母只想大事化小，但爲何學校及警方都這麼消極？爲何正義無法申張？而小浩躺在病床上，仍舊不醒人事。小浩父母在震驚、疑惑、失望、無助、擔憂、氣憤等複雜情緒間不斷的交錯。

雖然一般學生家長不太可能會遇到孩子墜樓如此嚴重問題，但得知自己小孩被霸凌後的心情，例如失望、無助、擔憂、氣憤等，應該會和上述案例中的父母相當一致。

由於媒體報導的案例多半相當嚴重，因此，家長們多半十分擔心校園霸凌會發生在自己孩子身上。若是真的發生了自己孩子受凌的情況，家長通常會產生下列的想法與心情，如失望、無助、挫折、內疚、生氣、擔憂。

感到內疚的家長，通常覺得自己為什麼沒有早一點察覺；感到生氣的家長，有些是氣自己的孩子，有些則是對學校的作為感到生氣；失望、無助、挫折的家長，通常是不知道能有什麼好方法可以幫助小孩；擔憂的家長，則是憂心孩子未來的在校處境。

家長獲知孩子被霸凌的反應

身爲教師，可以同理心去想像家長在得知孩子被霸凌後的反應，如此能更好去協助與溝通，通常會有下列的情況：

一、初得知孩子被霸凌時：家長通常會感到相當驚訝與難過，不了解爲什麼這事會發生在自己孩子身上。

二、通報學校尋求幫助：若家長是由自己孩子或是其他管道（如其他家長、其他同學）得知孩子被霸凌，家長通常會通報導師及學校，以尋求導師及學校的協助。

三、對學校做法不滿：當通報學校之後，學校接著會進行行政程序調查及處置，這需要一些時間，但家長可能會不解的認爲：爲什麼要處理這麼久？爲什麼霸凌者還沒被記過或退學？爲什麼導師不多做一些？爲什麼學校的作爲那麼消極？為什麼輔導沒有成效？為什麼霸凌者的家長沒有賠償？有相當多的為什麼、為什麼、為什麼……當家長認為學校做得不足的時候，就會有無助、挫折、生氣的感受。

四、事件後的經驗與反思：當發生孩子被霸凌事件後，家長可能會覺得自己沒盡責、覺得自己應該及早行動、覺得自己應該教導孩子更多保護自己的觀念及技巧、覺得自己應該更關心孩子的在校情況……教師們可以引導家長往正確的方向思考。

協助家長讓孩子脫離霸凌的陰影

我們從家長的心情與反應，可以分析哪些反應對改善孩子處境是有幫助的，而哪些反應對孩子則是無益的。若遇到類似事件，不妨先請家長多注意自己的情緒反應。

一、要理解及接受自己的負向情緒

家長有失望與挫折的情緒，相當正常，但對孩子來說，並不希望因爲自己的狀況而讓家長難過擔心，因此，家長的負向情緒持續愈久，對孩子來說其實是愈不利的。因此，家長宜理解並接受自己所出現的負向情緒反應是相當正常的，但無助於解決問題。

二、家長需要習得有效因應霸凌的策略

家長覺得無助與內疚，可能是因爲覺得自己做得不夠多、不夠好，覺得自己缺乏有效的方法來協助解決，而這些都可以藉由習得更多的有效因應霸凌策略來改善。本書的〈31辨識家長常用的霸凌處理策略〉一文中，就討論了無效及有效的家長因應策略。

三、與學校保持聯繫並配合學校策略

家長可能會不滿學校的作爲，進而對學校、對導師感到氣憤。但這對改善孩子受

凌狀況並沒有幫助。其實，要讓家長理解其不滿的作爲只會徒增學校的困擾，讓學校沒有辦法全力來解決霸凌事件，反而是要花更多心力來安輔及照顧家長的感受、氣憤及不滿。

眞正有效的方法，是要請家長定期與學務處（學務處）及導師保持聯繫，了解處理進度及目前學校的做法，以及如何與學校配合改善。定期聯繫可督促學校不至於擱置此事；了解處理進度與做法則是可以讓家長安心，並可與學校及導師討論可以增刪哪些策略與作爲；與學校配合改善，則是指學校行政端、導師管教端、家長管教端可以分頭進行處理，給予孩子最大的協助，而這需要家長與學校的配合。請家長以理性的態度採取這種有效做法。

四、請家長鼓勵孩子遇到霸凌應告知家長及學校師長

年紀比較大一點的孩子，被霸凌之後，通常不太想告訴成人，想要自己消化及解決。但被霸凌時通常難以反抗、難以自己解決的，霸凌問題只會持續惡化。因此，要

讓孩子知道，被霸凌應及時告知成人，鼓勵孩子盡速告知家長或師長，由成人來協助解決，這才是理智而有效的策略。

五、請家長要教導孩子對話技巧與情緒管理技巧

孩子的情緒控管能力及對話技巧都還在發展中，有時候，情緒失調、對話帶著挑釁、應對進退不佳等狀況，都可能造成孩子人際不佳或遭致厭惡，因此，家長可以做的，就是教導孩子對話技巧與情緒管理技巧，由日常生活中教導及演練，提升孩子的人際技巧及情緒管理能力。

例如在人際上要分清楚嘲弄及幽默的差別，不能自以爲幽默卻造成他人的傷害；在人際上要懂得察言觀色，若察覺對方的表情有異，應中止話題或立刻致意道歉；在情緒上要懂得 hold 住自己的負面情緒，不在情緒高漲的當下說出衝動的話或是做出衝動的決策；在情緒上要懂得保護自己，不要讓自己陷入反芻思考而跳不出負向情緒的漩渦。

27

事後諸葛
無助修復受凌孩子的創傷

香香是名轉學生，成績表現非常優異，在期中考時考了全校第一名。這使得原本班上的學霸小優非常嫉妒。小優和朋友們開始放話，說香香到處在講別人的壞話，香香會把該負責的事推給其他人，使得香香被同學排擠。而且，小優常會辱罵香香，如「鄉下轉學來的賤人」、「成績好就很囂張哦」。

香香的媽媽向老師反映後，但因爲小優品學兼優，老師也非常喜歡小優，老師也知道小優有嫉妒香香的狀況，但其他同學和香香的相處都沒問題，也就沒有進一步的處理。香香媽媽也沒有其他的好方法，也不知道怎麼幫助香香，只好反問香香：「妳是不是做錯什麼？」、「妳是不是太驕傲了？」「還是妳太出鋒頭了？」香香聽了媽媽的質問後，開始懷疑自己是不是眞的做錯了什麼。

霸凌一詞，雖然是近十五年才出現，但欺負與被欺負的現象早在五十年前就存在於校園中。現階段的家長在過去受教育階段，也可能曾遭遇過霸凌事件，不論是加害、受害或旁觀，當初的情緒激動與害怕的感受與經驗，在三十年後，可能早已褪去，剩下的不過是記憶事件的殘存痕跡。因此，家長們現在對於霸凌可能會覺得沒什麼，較能用理性認知來看待當年的事件。

不要忽略言語和關係霸凌

於家長來說，孩子身上所受到的明顯傷害，比較能引起關注，因此，家長也通常對於肢體霸凌比較在意。但對於言語霸凌或關係霸凌，則可能覺得沒什麼好在意的。原因可能如下：

1. 言語攻擊在社會中相當常見，家長可能覺得孩子要及早適應。
2. 可能因爲言語攻擊看不出實際傷害，所以家長覺得沒什麼。
3. 可能因爲家長認爲學生還不成熟，難免會用一些不成熟的言語。
4. 可能因爲家長覺得青少年或孩子階段本來就比較衝動，那是成長的一部分，長大後就沒事了。

5. 對於關係霸凌，家長可能覺得那是人際衝突，不理它就好，或是去找其他朋友玩就好，那沒什麼大不了。

6. 對於關係霸凌，家長可能覺得那是孩子們之間的八卦，孩子本來就會這樣。

理解孩子的感受，協助他們走出霸凌傷害

再就檢討自己小孩來談，家長通常無法掌控事件發生的脈絡，聽到教師或孩子陳述被霸凌的狀況，家長也會質疑或關心事件的成因，而通常會問孩子的問題是「你是不是做了什麼讓對方不開心」、「你一定是做錯什麼才激怒了對方」。這樣的問題，對家長來說，是在釐清問題成因，或在釐清事件的責任，但是，對於孩子來說，這樣的問題帶來的感覺是父母質疑自己、怪罪自己。當孩子在校被霸凌，回家告知父母，

卻還要被質疑與怪罪，那麼，孩子將可能不再告知成人，自己默默承受，甚至走上絕路。

以上的情況需要師長們共同關注，以下提出幾點討論與建議：

一、霸凌的傷害可能是肉眼看不出來的，要以孩子的感受爲主，而不是以家長的感覺爲判斷依據。

如同前述，家長覺得被霸凌沒什麼，但被霸凌受苦的人是孩子，應以孩子的感受爲主要考量。因爲，霸凌帶來的傷害不只是生理傷害，還包括心理傷害、權力侵損、人際破壞、財物損失、學業影響、處於不友善的氛圍等狀態。

二、家長覺得言語及關係霸凌不嚴重，但孩子卻覺得關係霸凌很嚴重。

家長覺得言語及關係霸凌不嚴重的原因，已於前述。但是，嚴不嚴重應該是由孩子的情況來判斷。對中學生來說，他們覺得關係霸凌及網路霸凌會比言語及肢體霸凌來得嚴重。因爲孩子相當重視人際關係，關係霸凌會讓他們在校如坐針氈，而網路霸凌則是會持續地對孩子造成心理傷害，因此，孩子會特別在意關係霸凌及網路霸凌。其實，不論是何類霸凌，都會對學生身心健康造成不良影響，都應予以正視並及早介入協助。

三、被霸凌不見得是孩子的錯，質疑孩子並不能改善現況。

當家長在質疑或關心事件的成因時，可能會讓孩子覺得受到質疑因而感到不被信任、被怪罪。其實，霸凌事件發生的原因相當多，受害者的挑釁是相當少的狀況，其他原因還包括長得太美、成績太好、太胖、太瘦、家裡太有錢、家裡沒錢、太受歡迎等等，但這些都不是孩子的錯，卻都有可能因此被霸凌。

所以質疑成因，並不能改善現況；而質疑孩子的行動，如「為什麼不罵回去？」、「為什麼不做些什麼？」、「為什麼不馬上跟老師講？」其實，霸凌就是持續的惡意傷害行為，對受凌者來說常常會反抗無效，很難要求受凌的孩子做些什麼行動，即使做了也可能是徒勞無功。因此質疑孩子的行動，並不能改善現況。孩子需要的是關心、支持、理解與協助，而不是家長無止境的質疑。

以香香的案例來說，媽媽知道香香被欺負，也向老師反映過，在沒有其他方法的情況下，才會反問香香是不是做錯了什麼。這對孩子來說，就是在檢討孩子、怪罪孩子。其實，會被霸凌的孩子，不見得是做錯事情，如果還要他們檢討自己，只會讓孩子更痛苦。其實，香香想聽的，可能只是「孩子，妳沒做錯事，這不是妳的問題，妳放心，我們會陪著妳。」家長能做的，就是接納並正視孩子的情緒，只要有成人的支持、理解與陪伴，對孩子來說都是莫大的助益。

28

處罰並不能終結霸凌

小媛是六年級女童，她有發展遲緩的問題，在打掃時常被另一位同學小芬欺負，像是用釘書針刮臉、用白膠黏頭髮。校方知情後，邀請雙方家長到校溝通，加害者也當面向小媛道歉，小媛後來被安排轉到其他班級。

此事後來被小媛的親友爆料到網路上，投訴者認爲受害者不得已被迫轉班，並表示校方應該要嚴懲霸凌者，不能讓整件事被輕縱。校方則回覆，是將小媛安排到與她熟識教師的班級，也對加害者有進行適合的處置。

一旦接獲霸凌通報，家長總會歷經一番心理風暴，明明「我家小孩很乖呀！怎麼可能？」、「天呀！我不相信！」、「該死！回家後他就死定了，要好好教訓！」、「一定是家長我沒教好！都是我的錯！」爲平衡內心焦慮，忍不住會怪罪自己或他人，甚至怪罪孩子，不論是霸凌者或受凌者家長都會經歷心理責難，不斷追究原因，期望能給個「答案」。然而給個「合理的解釋」就能保障未來相安無事、永保平安嗎？

我們都希望孩子身心健康正常發展、平平安安，但遇到霸凌時，身爲家長總會問自己，「我到底做錯什麼？」、「爲何我會遭遇這樣的事件？」、「是我太放縱孩子了嗎？他什麼都不缺呀！」、「孩子太軟弱了，難怪被別人欺負！」這些問題與解答都無法立即有效解決孩子所遭遇的霸凌困境。

處罰無法解決霸凌問題

當與家長溝通時，身爲教師可以給家長一些建議，由於家長肩負著許多責任，養育子女過程並不單純，其中一定會遇到困難，幾乎都需要摸索與協助，所以，如遇到問題實在不需要過度苛責自己，因爲，當家長給自己過多壓力時較容易做出錯誤判斷，反而錯失親子溝通的好機會。不妨將遇到問題視爲「改變」的好機會，避免採取更嚴厲的教養方式，如懲罰，來表示負起了教養之責或「給個交代」。

以下是針對家長採用懲罰所可能產生的問題，來進行的討論，提供親師溝通時的參考。

一、懲罰後續效應

一般來說，當孩子「犯錯」，多數家長常會急於判斷，因而採取傳統教養方式，如怒罵、罰站、冷戰、禁足、沒收物品等，然而這樣處罰規範下，如果孩子不了解家長所在意的或不明白其行爲結果的影響，孩子終究只會將該懲罰視爲是家長在行使管教權，孩子本身的問題、迷思或扭曲的價值觀，仍舊無法獲得改善。

二、懲罰無法終結惡行

孩子成長過程中尋求自我認同，以建立健全的倫理道德觀或價值觀時，最需要他人鼓勵與支持，以建立自尊心與自信心。而懲罰帶著強烈「全盤否定」的意涵，懲罰嚴重破壞孩子的自尊心，只能暫時停止外在惡行，卻無法阻斷惡意持續發生。霸凌是接二連三的持續性行爲，用懲罰的教養方式僅僅只是收到暫時性的嚇阻效果，對於無視團體規範的持續霸凌者將毫無作用。

三、懲罰是惡性循環的報復手段

懲罰帶有「報復性」目的，認爲「他人因你的行爲結果感到痛苦，所以你也該承受痛苦」，這種做法不但無法引起同理心及羞愧心，還是一種對公平感的扭曲觀念與迷思，促使霸凌行爲更加嚴重。

四、懲罰無法讓人勇於面對錯誤

懲罰讓人畏懼，也讓人想要逃避，因爲欲求規避懲罰，所以孩子會表現出憤怒、說謊、抗拒、沉默，伴隨更多負面情緒與行爲，孩子就難以重拾勇氣與信心去面對問題、解決問題。

五、懲罰將讓心理創傷更雪上加霜

懲罰僅會加劇霸凌者心理創傷，許多人一味指責霸凌者的客觀行爲問題，卻忽略霸凌者主觀心理問題，殊不知霸凌者大多過去的成長史或生活遭遇重大傷害而導致偏差行爲，任何暴力事件受到影響的絕對不僅止於受凌者。

六、懲罰是利用權力不對等的力量加以控制

懲罰意味著家長拒絕溝通、關閉自己、遠離孩子的行爲，懲罰也代表家長借用威權力量迫使孩子屈服，這樣不對等的關係將造成親子關係緊張甚至決裂，並無助於問題的解決。

七、懲罰行爲的模仿學習

學習階段的孩子會模仿大人面對問題時所採用的處理手段，孩子將以此「暴力複製」行爲及錯誤的觀念來面對人生。

打罵只能擁有暫時的成效

總之，部分家長認爲打罵是有用的。但這個有用或有效，指的應該是暫時的成效，之後孩子的錯誤行爲、霸凌行爲還是會再發生。因此，建議家長宜重新考量懲罰的效用，及其所可能帶來的負向影響。

以小媛的案例來說，向媒體爆料的親友，在意的是爲何加害者沒受到處罰，反而是受害者要轉班。該爆料者的預設就是做錯事要被懲罰，處罰可以避免孩子再犯。然而，這可能只看到懲罰的表面效果，卻忽略了懲罰的缺點，包括無法終結惡行、產生報復循環、無法讓加害者面對錯誤、帶來負向情緒、再製暴力等。

其實，受害者的情緒是需要被同理的，若能理解並同理小媛的痛苦情緒，那麼小媛的痛苦將能減緩。至於要如何讓加害者體認到自身行爲錯誤並避免再犯，有很多方法都比處罰有效，例如修復式正義的對話，見本書〈40修復式正義是促進同理、改善現況的對話機制〉或支持團體法，見本書〈41支持團體法，可有效處理校園霸凌〉。

29

家長對家長的談判，難以解決孩子霸凌問題

武小丹在校和小惟起了衝突，原本只是言語上的騷擾及攻擊，但後來卻惡化為小惟糾眾打了小丹，並威脅小丹不得張揚，不然見一次就打一次。小丹因為身上有傷痕，很快就被家長發現了，武爸爸非常氣憤，找到了小惟的男朋友，他代為向武爸爸道歉，但武爸爸要的不是道歉，而是希望他帶話回去：「敢欺負小丹，我要讓她坐牢！」

不多久，小惟的母親，私下找上了武爸爸，送上一些金錢禮物，希

望武爸爸能放過小惟，別走法律途徑，武爸爸拒絕，並全程錄音存證。後來，小惟的爸媽帶了禮物到醫院探望小丹，還下跪，希望小丹給小惟一條生路，希望能動之以情，小丹不想理會。武爸爸進來病房，見到下跪的小惟父母，趕兩人出病房。小惟父母說道：「孩子要是留下案底的話，前程會受到影響，會影響一輩子的啊！」武爸爸生氣的說道：「我們家小丹被霸凌了，她就不會影響一輩子啊？」武爸爸堅持走法律途徑，要讓小惟受到法律制裁。

若孩子是中小學生，當孩子被欺負時，家長可能會選擇與導師及學校聯絡，甚至會選擇約對方家長出來講清楚說明白（談判），進一步要求對方家長要好好管教或懲罰小孩。其實這個方法，優劣參半，可能有效，也可能無效。教師在遇到這類型家長時，可以將找對方家長談判的優缺點向家長說明，才能眞正找到解決問題的方式。說明分析如下：

一、若霸凌者家長屬於放任型管教，找對方家長出來也沒用

霸凌者家長的管教若是屬於放任型，也就是說霸凌者做了什麼，家長並不想管，或是知道了也管不動，那麼，找這類的家長出來說清楚，其實幫助不大，因爲這類家長並不會出面，或是出面了也只會說「我也管不動」，或者就消極地沉默以對。

二、若霸凌者家長屬於溺愛型管教，找對方家長出來也不能解決霸凌問題

霸凌者家長的管教若是屬於溺愛型，也就是一味認爲自己的孩子沒有錯，全部的責任都是對方而起，應該由對方或對方家長負責。這類型的家長，不是一直怪罪對方，就是一直向對方道歉，但霸凌者卻好像置身事外。與這類的家長對談，家長間的

衝突可能會升高（因爲不斷怪罪他人），或是只得到家長不斷的道歉，但霸凌者依然固我，未見改變。

三、若霸凌者家長屬於威權型管教，回家打了霸凌者卻禍福難料

威權型的家長知道了自己孩子犯錯，回家會大罵大打一頓。霸凌者可能會因此而收手，但也可能會心生報復而讓受凌者變得更慘。孩子其實非常敏感，也非常聰明，若霸凌者假裝收手，但卻唆使他人繼續攻擊與霸凌，或是改採關係霸凌來排擠、破壞友誼，這對受凌的孩子來說，問題反而變得更嚴重。

四、若霸凌者家長屬於民主型管教，和家長談才可能有用

在民主型管教下，孩子較不會涉入霸凌，不會變成霸凌者或受凌者。因此，推薦家長多用民主型管教，也就是高溫暖與高要求的管教法。若民主型管教下仍教出霸凌者，與這樣的家長對談，才有機會進行理性的溝通，共同找出雙方均可接受的做法，家長回家後也會好好的與霸凌者對談與管教，與這類的家長對談才有效果。

五、家長鬧哄哄，孩子卻無感

當雙方家長爲了霸凌問題，不斷的透過教師傳話，不斷地約出來對談或電話聯絡溝通，雙方家長忙翻天，操心不斷、煩惱不停，但孩子卻可能無感、沒反應、沒改變、不想管，孩子不知道大人在瞎忙什麼，自顧自的玩自己的手機或看電視。因爲，這個問題已變成家長們的問題，孩子認爲家長搞得太複雜，而這類複雜的事與自己無關。當孩子覺得無感或無關，都由家長處理時，改善霸凌問題的效果其實不大。因爲，家長擔負起所有的責任，無感的孩子也學不到問題該如何解決，也不想解決。

總之，若受凌者家長想找對方家長出來談，得事先想一想，「對方能理性溝通嗎？」、「談完之後能帶來什麼改變嗎？」、「孩子的受凌問題能解決嗎？」若沒有把握的話，找對方家長談的效果可能不如預期中來得高。

所以，不妨建議家長們，與其找對方家長，倒不如好好與學校與老師配合，因爲第一線教師才是每天能接觸到孩子，能實際幫助孩子的關鍵角色。

以前述武爸爸的例子來說，是霸凌者家長想私了，於是找上武爸爸，也找上武小丹，道歉、下跪、陪罪以免被告。小惟父母有可能屬於溺愛管教，所以由父母擔起了全部的責任，這樣是無法改變霸凌情境的，因爲做錯事的小惟仍是置身事外。雙方家長的會談無效，因爲武爸爸只想要法律制裁，小惟父母只想私了，而霸凌者小惟卻無感。如何讓小惟意識到自己的錯誤，如何讓小惟擔起解決問題的責任，可能才是化解霸凌的良方，而不是靠小惟父母的下跪、道歉與賠錢。

30

民主型教養，較不易涉入霸凌

小娟準備要從國小畢業了，可以上台領獎，但小娟不是很願意，怕又會被打。媽媽聽到後，覺得很奇怪，為何領獎會被打？追問之後，才知道兩年前因為小組演戲的關係，小娟被選為第一女主角，第二女主角小滿很不高興，打了小娟一巴掌。小娟媽媽知道後非常生氣，帶了親友到校質問小滿，親友們把導師架開，小娟媽媽命令小娟，反打小滿一巴掌，小娟媽媽還將過程用手機錄下來，上傳網路。因為小娟媽媽認為，交由學校處理，只會得到沒有用的道歉，後續還是有可能發生，於是選擇自行進校，帶著小娟好好「處理」小滿，之後小滿就不敢了。

網友們針對這部影片發表了兩極的看法，有人認爲，「幹得好，贊成媽媽的做法」、「孩子被揍不能姑息，父母是孩子的靠山」；另有人認爲，「社會病了，變相鼓勵使用暴力，一堆人還叫好」、「這跟之前某檢察官闖進幼稚園公審女童有什麼兩樣。」

若孩子涉入霸凌事件，家長常見的反應是「不知道該怎麼做」、「不知道能做些什麼？」其實家長的擔憂都是出自於缺乏有效的策略與知能。若讓家長有管道能知悉這些方法與策略，其實家長都很願意去落實與執行。以下是針對家長預防霸凌相關做法的討論，提供給教師作爲與家長溝通時的參考。

一、調整家長管教方式

家長的管教方式，如依溫暖與要求兩向度，可劃出四類管教類別：

1. 高溫暖與高要求的民主型管教。
2. 高要求與低溫暖的威權型管教。
3. 高溫暖與低要求的溺愛型管教。
4. 低溫暖與低要求的放縱型管教。

在這四類管教類型中，除了民主型管教之外，其餘三類都和涉入霸凌有關。從一些探討家長管教與霸凌關係的研究中，也可以發現這一點。例如，威權式家長容易養出霸凌者和受凌者的孩子；父親的威權式行爲對孩子後續的霸凌行爲有極高的預測性；霸凌者的父母有高機率是採威權型管教；霸凌者與家長通常都有溝通不良的問題，或是家長常以暴力來解決問題；缺少父母監督和霸凌行爲有關；溺愛與放任型家長容易教養出受凌者。從這些證據來看，家長最好還是採用民主型的管教，也就是採用高溫暖、高要求的管教，孩子較不會涉入霸凌事件。

二、學校與家長保持合作

家長並不了解學校做了哪些霸凌防制措施；縱使孩子發生了霸凌事件，家長還是不知道學校做了什麼改善措施，顯示家長缺乏對學校做法的理解與認識，無怪乎家長在霸凌發生後，常會對學校的做法感到不滿。

要改善這類的家長不滿狀況，建議學校在實施預防霸凌階段就可以將家長一併納入，讓家長更能知悉學校的相關做法，例如，校方在霸凌防制一事上需有明確的「將家長一併納入霸凌防制網絡」的概念，並將此概念融入校規、政策中；校方應讓家長組成團體，這種方式會有利於建立家長與校方的互信、通訊與互惠關係；還要建立家長和導師的溝通管道，讓家長可以即時獲得孩子在學校的最新情況，並從教師那裡獲取最新的霸凌防制資訊與介入策略；鼓勵教師有系統性地提供家長霸凌防制資訊（給家長的一封信、小專欄、小匯報等）。若學校能做到這些措施，則家長在霸凌防制行動上會有較高的參與程度，對霸凌防制相關資訊也會有更多的認識。

三、關心孩子的交友狀況

家長都很清楚，如果孩子交到壞朋友，眞的很容易被帶壞，這情況在霸凌上也一樣。有一些研究顯示，負向的同儕影響力和霸凌行爲有關，正向成人楷模和較少的霸凌行爲有關；此外，偏差同儕的歸屬感和霸凌、受凌有關。

換言之，若孩子交到壞朋友，進入了不良同儕社群，那麼孩子很容易受到影響，也會變成霸凌者，而且，在這個同儕團體之中，孩子也很容易被使喚、被霸凌。另外，家長的嚴苛管教，也和孩子交到壞朋友有關，研究顯示家長處罰和霸凌攻擊有直接關係，家長處罰行爲對於偏差同儕與霸凌行爲有間接影響。也就是說，愈是嚴苛管教的家長，孩子愈難在家庭中找到溫暖，就愈可能親近不良團體，在壞朋友群當中找到歸屬與溫暖，而這些孩子也愈有可能成爲霸凌者。綜合以上所述，家長應多關心孩子的交友狀況，成爲孩子的正向行爲楷模，避免讓孩子誤入不良同儕社群。

四、家長情緒需保持平和穩定

家長的情緒狀況，其實對孩子的身心健康也會造成影響。若是家長有情緒不穩或是有憂鬱的困擾，那麼孩子就身受其害。研究顯示，家有憂鬱症母親，比較會產生攻擊性的孩子，尤其是男孩子，可能是因爲憂鬱症母親較無法爲孩子提供一致性的監管。另外，母親情緒不穩會激發兒童的攻擊行爲，可能因爲母親情緒不穩會出現較嚴苛或反覆的處罰。再者，情緒不穩母親可能使兒童成爲受凌者，因爲她無法協助兒童面對霸凌。也可能因爲她反覆無常的行爲，使得兒童自尊心較低，以致容易被霸凌。

就此而言，情緒不穩或憂鬱的家長，孩子會有較高的攻擊或霸凌行爲，而且，孩子也比較容易被霸凌。因此，家長保持情緒的穩定，對於預防孩子涉入霸凌，其實相當重要。

五、關懷但不過份保護

前面提到家長的關懷與要求，讓孩子比較不會涉入霸凌。其實，這就代表著家長能關心孩子的交友情況和在校情況，能監管及督促孩子改善不良行爲。當孩子較單純並具有良好的品行時，自然就比較不會涉入霸凌問題。

然而，有一類的家長卻是過份保護，事事由家長親力親爲，不讓孩子有獨立作業機會，甚至很少讓孩子有挫折機會來學習成長，這些家長所教出來的孩子，就是俗稱的「媽寶」（爸寶）。研究顯示，過度保護的母親和兒童受凌風險機率較高有關。簡言之，媽寶的小孩，因爲凡事要問媽媽、凡事都不會做、凡事都由媽媽代勞，容易被看不起或被排擠，遇到衝突不知道怎麼處理，還要回家問媽媽，自然容易被霸凌。反之，若保持關懷但不過度保護的母親，對兒童來說則具有正面效應，最明顯的就是在校能表現較好的適應力，如高學業成就及較佳的社會調適力。因此，家長最好採取高溫暖、高要求的民主管教，而不要採取溺愛管教，以免養出媽寶型或爸寶型的孩子。

以小娟媽媽的案例來說，她認爲要預防孩子再被欺負的方法，就是要強悍地打回去，於是帶著小娟打了小滿，並錄影上傳進行網路公審。其背後的想法，就是給小滿一個教訓，讓她不敢再犯；她也在教導小娟，被打了就要反擊，不能示弱。

然而，這樣的做法，就是選擇不相信學校且不與學校合作、小娟媽媽先是帶著情緒來回應及反擊，且不相信孩子能解決問題而選擇過度保護（由媽媽來解決問題）。這樣的做法，會有很多負向的後遺症。例如：

1. 讓孩子錯誤地學到要「以暴制暴」，而不是依法令規章來處理。
2. 小娟媽媽的行爲已違法，可能要面臨「強制罪」、「恐嚇罪」等。
3. 此事件對小滿來說，就是網路霸凌，小滿被打還錄影上傳網路，小滿身爲網路霸凌的受凌者，其身心創傷可能比兩年前的小娟更爲嚴重。

其實，小娟媽媽可以有更好的做法，例如與學校合作、保持情緒的穩定、教導並與孩子討論解決問題的方法等，才能眞正解決問題，協助孩子走出霸凌的陰影。

31

辨識家長常用的霸凌處理策略

小葉是高職生，在放學時間，與小林拿掃把互打。小葉不爽被打，於是打電話回家告訴家長，小葉爸爸相當生氣，召集了十個人到校來質問小林。教官發現之後，當然立卽出面制止及緩和氣氛。但這十位成人因爲自己的孩子被打，正在氣憤之際，難以理性溝通。有人說「打一打再講啦」，接著十位成人群起出拳，打了小林幾拳。教官出面制止，也被打了幾拳。

後來經詢問後，小葉說這兩個月至少被小林打過兩次，今天又被拿掃把打，於是，小葉爸爸才請叔、伯、妻舅等親友一起來學校理論，同時也對小林提出傷害告訴。而小林被成人圍毆，小林家長同樣也提出了傷害告訴。校方則相當頭痛，因爲家長的衝動，使得這個問題更難解決了。

當家長得知自己的孩子被霸凌，除了心情上會受到影響，例如會焦慮、憤怒、難過，通常也會積極與學校教師聯絡，希望能盡速處理霸凌的問題，自己也會想辦法幫助孩子。而家長們常用的霸凌處理策略，如下所示，這些策略，其實部分是有效的，而部分是無效的。

○安輔孩子、情緒支持

○通知學校，請學校處理

╳聯絡霸凌者家長

╳叫孩子忽略

○叫孩子告訴成人

╳叫孩子打回去

╳家長自行出面解決

╳讓孩子學武術防身

○轉學

○監控／限制上網

○教導網路安全使用

我們先來談談無效策略的部分，要請家長避免這樣做。

╳聯絡霸凌者家長出來談判是無效的

在本書〈29家長對家長的談判，難以解決孩子霸凌問題〉一文中，已論述了聯絡霸凌者家長出來談判，是屬於無效策略，因爲家長的爭執可能會讓狀況更糟。其實，受凌者家長所想的，應該是讓霸凌者家長可以好好管教自己小孩，不要再犯，若是「知會」霸凌者家長以加強管教，這個可能有用，但若是和霸凌者家長「談判」，則屬於無效策略，因爲沒有人喜歡當面被指責。

✕讓孩子學武術來防制霸凌是無效的

相信部分家長聽過道場有些口號，如「學跆拳、防霸凌」，其背後的信念就是相信可以學武術防身，就不會被霸凌。其實，學武術、學跆拳對提升孩子的自信、肢體協調度是有幫助的，但實在不能過度期待學武術能防制霸凌。因爲，如果孩子在校被霸凌，難道要讓孩子以武術、以跆拳打回去嗎？若孩子被網路霸凌，難道要讓孩子上傳學武術的影片來防制霸凌嗎？若孩子被關係霸凌，讓孩子秀出跆拳，孩子就不會被排擠嗎？因此，學武術、學跆拳能健身、能提升自信、能提升孩子的體育水準，但實無霸凌防制的功效。

✕叫孩子打回去是無效的

本書〈21避免教導孩子以暴制暴〉中，已論述叫孩子打回去是無效的策略。

✕叫孩子忽略是無效的

在本書的〈27事後諸葛無助修復受凌孩子的創傷〉一文中，已論述了家長覺得霸凌沒什麼大不了的原因，若家長因此而叫孩子忽略霸凌 - 「不要理它就好」，事實上這是無效的策略，因爲霸凌仍會持續發生，霸凌所造成的影響仍會讓孩子身受其害。

✕家長自行出面解決是無效的

這類家長會出面處理，通常就是認爲孩子太小、太弱勢，無法解決問題，於是，要由成人擔起責任，由成人出面來解決。這類家長採用的方法，例如質問當事同學、圍毆當事同學、告當事同學等。這類家長保護孩子心切，但沒想到自己所採行的方法，通常會使情境更爲複雜難解。

在家長常見的策略裡面，也有部分有效的策略，包括以下幾項：

○安輔孩子與情緒支持

孩子在受凌時，情緒的困擾會很明顯，因此家長的關心及支持便相當重要。

○通知學校讓學校處理

校園霸凌的防制，需要親師生共同合作，因此，也要通知學校，配合學校的行政處理程序及導師的管教策略。

○叫孩子告訴師長

孩子被霸凌會有不想講、不敢講的狀況，要讓孩子知道，被霸凌若不告知成人，霸凌只會持續下去。所以，務必要盡快通報師長。

○轉學

這也是一個方法，但無法保證到新學校就不會遇到類似的問題。

○監控與限制上網

愈常使用網路，就愈可能遇到網路霸凌，因此，孩子的網路使用，最好能有家長的監管，讓孩子合理的使用。

○教導網路安全使用

如網路留言的禮儀，網路貼了什麼東西會觸法，網路資訊安全等，這些都是孩子不見得會知道的規則，都需要成人的教導。

以前述小葉的案例來說，小葉家長採用的是成人自行出面處理，召集親友打了小林，要給對方一點教訓。但這種以暴制暴的方式，並無法解決霸凌問題，只是讓問題更難處理，因爲雙方都告上了法庭。而且，以暴制暴還傳達了錯誤訊息，讓孩子學到「用打的可以解決問題」、「人多勢衆先打再說」等錯誤觀念。

其實，小葉家長想要達成的目標，就是讓小林住手，但採用圍毆這種不佳的方法。其實學校師長有很多方式可以讓小林收斂。因此，教師可以與家長溝通，與其採用無效的家長出面處理法，不如通知學校讓校方來處理。

CHAPTER

5

防制與輔導篇

教師是防制校園霸凌的第一線，
也是處理輔導最重要的人選，
參與相關訓練更能學習有效方式。

32

第一線教師處理霸凌的無效策略

在國中任教的潘老師，對於發生校園霸凌就要進行通報的規定，其實相當不認同。他認爲就算向上通報，學校也是用記過來處理，但孩子的行爲並不會有太大的改變。而且，通報過後，教育部及教育局會關注，學校要進行行政處理，要約談雙方，還可能會有民代介入關心，這都可能讓情況變得更爲複雜。

因此，潘老師其實不認同要進行通報，他認爲老師們其實能處理的就會自行處理。另外，老師們也提及校園霸凌防制準則，就只是個「準則」，無法依法來對霸凌者進行處罰，而且，處罰的輕重程度也尚待研議。

校園霸凌的防制，需要第一線教師的協助。但教師在處理霸凌時所採用的策略，可能無效或甚至讓情況更爲惡化。因此，實有需要了解教師們在處理霸凌時所可能發生的問題、原因與結果以下針對幾點進行探討。

一、教師們可能會低估校園霸凌的發生狀況

要了解校園霸凌的發生情況，有不同的陳報管道，如學生自陳、教師提名、同儕提名、家長陳報等。據學者的研究顯示，若是採用教師觀察或教師陳報來覺察出校園

霸凌事件，可能因此低估校園霸凌的問題，因爲教師報導的校園霸凌盛行率通常比學生報導的數據還來得低。因爲，有些發生在學生之間的霸凌，教師並不知情。由此可知，若是僅依靠教師陳報，可能會低估校園霸凌發生的情況。

二、教師們會低估部分校園霸凌行爲的嚴重程度

教師們對霸凌行爲的嚴重度看法，和學生的看法並不一樣。由於教師對霸凌的嚴重度知覺，會影響教師是否介入。因此，釐清教師對校園霸凌嚴重度的看法是重要的。

目前已知，教師認爲肢體霸凌遠比言語霸凌或關係霸凌還要嚴重，教師比較會介入制止肢體霸凌，可能和教師認爲身體受傷較明顯有關，於是會覺得肢體霸凌較嚴重。反之，教師認爲關係霸凌較不嚴重，認爲那是學生之間的關係糾紛，比較不會介入學生間的關係霸凌。另外，校園最常見的其實是言語霸凌，但可能因爲太常見了，教師或許會忽略它，甚至認爲：對方只是亂講話，不要理它就好。

三、忽略校園霸凌是部分教師的處理方式之一

教師對校園霸凌常見的回應方式有五種，包括：和霸凌者談、和受凌者談、尋求其他師長協助、處罰、忽略不管。

在此針對忽略不管的問題來探討，以國內洪福源等人的研究來說，有七五%的教師會採取「忽視」來處理言語欺凌，這顯示常見的言語攻擊，並不見得每一次發生都會被教師制止。以美國的研究來看，有兩成教職員會選擇忽略不管。這顯示即使學校發現了校園霸凌，教職員仍有可能選擇忽略不管來作爲回應的方式。

原因有幾種，首先或許和教師們受到行爲主義的教育影響有關，因爲行爲主義認爲遇到不當行爲，可選擇忽略，以削弱其行爲（例如上課愛講話）。然而，此方法在霸凌處理上並不適用，因爲霸凌是會持續發生的行爲，忽略霸凌並不會削弱它，只會讓受凌者持續受創。第二個可能性是前面所說的嚴重度問題，教師可能覺得不嚴重，就不想管。第三是科任與導師的差別，有可能科任教師認爲管理班級秩序不是他的責

任，是導師或教官的責任，所以會選擇不管。第四是有些老師認為，學生之間的糾紛，應該讓學生自行解決，成人不要過度介入，才能讓學生及早社會化並學習問題解決能力，這類教師則可能不會介入校園霸凌事件，然而，這類老師卻忽略了霸凌是持續發生的故意傷害行為，受凌者難以自行處理。

四、教師們會採用處罰，但效果不大

教師對校園霸凌的霸凌者，常使用處罰策略，例如，有研究顯示在一千三百七十八所的英國學校中，有九二%學校會使用直接處罰策略來處理霸凌，處罰策略包括口頭訓戒、剝奪權利、告知家長、校內留置、短期停學、退學等。另一項研究發現有四六%的教師會處罰霸凌者。這都顯示教師常用的介入策略就是處罰策略。

然而，僅採處罰策略的教師常面對相同的困境，就是處罰可能無效，今天處罰完了，下次又再犯，因此常悲嘆：罵也罵過了，處罰也處罰了，記過也都記了，學生還是不改。學術研究也顯示使用處罰不見得比較有效，效果也不見得持久。另一方面，受凌學生會希望教師不要處罰霸凌者，因爲可能使霸凌情形更加惡化，霸凌者可能挾怨報復，受凌者可能變得更慘。

五、教師們對霸凌防制措施抱持觀望態度

學校行政人員有時候會進行宣傳，發放宣導單，辦理相關的霸凌防制措施，甚至會申請經費來辦理霸凌防制相關活動。但部分教師其實相當冷感，不願配合。

首先，可能是教師覺得自己管好課程與教學進度就好，對學校的霸凌防制措施抱持觀望態度，不支持也不反對。第二可能是學校人員已筋疲力盡，因爲要配合的活動及宣導實在太多了，例如雙語、人權、交通、性平、反毒、減塑、海洋、環保、防疫、防災、理財、反詐騙、動保，甚至納稅，教師們可能無多餘心力放在霸凌防制宣導上。第三可能是教師們會配合，但執行度會有落差，就學術的術語來說，就是方案實施忠誠度不盡理想；用白話來說，就是會配合執行，但不會做到一百分，就是有做

就好，上有政策下有對策。上述情況，都會讓霸凌防制成效大打折扣。

回到前述潘老師的案例，他對向上通報抱持著不認同的態度，這就是對霸凌防制措施持觀望態度，雖然校園霸凌防制準則律定了發現霸凌事件要在二十四小時之內通報，但類似潘老師想法的教師，不見得會通報，會選擇自行處理。再者，前述也提到老師們希望能有「法律」依據，不要只是依「準則」來處理，方能對霸凌者進行開罰或處罰，這就顯示出了教師們習慣採用處罰策略，但卻忽略了處罰策略對霸凌處置的效果不大，如同前文所述：罵也罵了，處罰也處罰了，學生還是不改。這些都是教師在處理霸凌時所可能遇到的問題。

33

面對霸凌者的正確態度與做法

今年國小三年級的小可是班上人氣王也是老師們心中的模範生，是同學間的意見領袖，只要小可提出任何想法大都可以獲得同學支持與協助。這學期來了個轉學生小珍，活潑外向留著一頭小丸子的可愛短髮討人喜歡，小可很快的主動和小珍玩在一起，兩人也立刻變成好友，只是小可意外的發現小珍很會指使他人做事，例如：幫忙發作業本或丟垃圾、要同學一起幫忙值日生工作等，還經常會和老師開心聊天，甚至自以爲是領導者的態度，讓小可內心感到不舒服，小可內心想著「是該給她一點教訓」，小可開始刻意疏遠小珍，並告訴身邊朋友不可以跟小珍一起玩。

漸漸被孤立的小珍只覺得納悶，接著問題愈演愈烈，小珍的桌上莫名其妙會出現一灘髒水，也會發現便當盒被丟到教室角落或垃圾桶旁邊。老師發現悶悶不樂的小珍，找來班上最關心同學的小可來了解狀況，小可回答：「可能同學想給她一點教訓吧！如果不給她一點教訓，這社會就會不公平了呀！」

當我們面對霸凌問題，有時會皺眉瞪眼，腦海浮現的就是「找麻煩」、「看吧」、「搞什麼鬼」、「煩」，若是以憤怒、忽視或不耐煩的口吻來面對霸凌者，並不會讓霸凌事件得到妥善解決，反而更助長霸凌者的負向態度。

此時可退一步想「事出必有因」，沒有人一開始就生爲小霸王或麻煩製造者，過去的成長史、家庭背景及所經歷的重大事件，都是造成現在行爲問題的重要原因，然而，一旦面對霸凌問題，大多數人都是驚訝焦慮或手足無措，以下提供師長們在面對霸凌問題可採取的態度：

一、不要責罵、先傾聽

若開始責罵、或採用情緒化的負面語言，就像早已爲其定罪，會讓霸凌者感受到主觀偏見，而採取積極反抗或消極沉默，要再力求澄清事件原因會更費力耗時。絕大多數霸凌者會因敏感的防衛心態，而採取消極不配合的態度，如想讓霸凌者卸下心防，切勿如警方辦案般緊咬事件問題不放，窮追猛打的質問語氣，無助於建立與霸凌者信任關係。

因此詢問時要先以感同身受與同理的語氣，如「怎麼了？」、「發生什麼事？」讓霸凌者先表達自己感受。待其態度軟化，才有可能進一步追查問題。此外，尋找安靜沒人打擾的環境，更能營造有助對話的氣氛。

二、告訴孩子你聽到什麼

保持客觀而堅持的態度、保持明確的立場，才會讓孩子正視問題。愈是含糊不清的語句，愈容易讓霸凌者因自我防衛機制而尋找藉口或模糊焦點，例如「聽說……」、「有人告訴我……」、「如果……」，這些語言都會讓霸凌者誤認師長已具有先入爲主的偏見；而「就是……」、「總是……」、「經常……」等容易以偏概全的語句，更讓霸凌者不願進一步對話或怒氣回應。比較好的做法是保持端正的坐姿，直視孩子的眼睛，語氣和緩地客觀陳述時間、地點、牽涉的相關人員及所發生的過程。

三、藉由問問題了解孩子的內在需求

絕大多數霸凌者有其明顯心理需求，如想引人注意、想博取關注的「愛與安全感」、想證實自己存在的價值、想藉著控制改變或影響他人來獲取成就感，或想藉由衝突事件感受自身權力。宜了解霸凌者需求，並協助霸凌者了解自我眞正需求，才有改變的可能。

四、爲不被接受的行爲設限

一般的霸凌者可能因爲家庭環境問題造成錯誤價值觀及扭曲的道德觀，因此，讓霸凌者了解自身的道德與價值觀謬論格外重要，切勿採取強制性的灌輸方法，而是在平和狀態下與霸凌者理性討論行爲規則，例如可採用「價值澄清法」，進行道德認知衝突的釐清，認知「玩的過火」或「鬧著玩與霸凌」之間的差異是什麼，及可能產生什麼影響與後果。此外，最好能淸楚表達對霸凌者正向的行爲期望。

五、教導要爲自己行爲負責

霸凌者的爲所欲爲，大多欠缺正確的行爲判斷標準，故除了讓霸凌者理解團體行爲準則外，更應讓其了解什麼才是負責任的行爲與態度。行爲人的行爲後果不應由家長或其他人來承擔，而需讓行爲人淸楚自己所需付出的代價。

雖然面對霸凌，許多人慣於採用處罰方式，處罰雖具強制力，但效果有限，卻無法徹底杜絕霸凌者行爲，因此，讓霸凌者願意負責任地配合正向合理的規定，有助於霸凌者糾正自我錯誤行爲。

此外，責任的培養可從小處開始，如：動手整理桌面、準時上下學、打掃或整理環境、規律的上網時間等，均是好方法。如霸凌者符合行爲期待就給予讚賞，若再出現攻擊行爲應立卽制止並採用合理規定，如暫停喜愛的活動，使其能爲行爲結果來負責。

六、教導情緒管理技巧及表達溝通技巧

霸凌者較欠缺覺察自我或他人情緒能力，亦較缺乏管理自我與他人情緒能力，然而管理自我與他人情緒是需要訓練的，例如平靜呼吸練習、自我情緒記錄、養成運動

或其他良好生活習慣。此外，大多數的衝突事件是起因於不良的人際溝通，如衝動型的孩子以爲動手動腳是帥氣的打招呼，整天粗口劣行，並誤認自己與衆不同。因此，可以試圖訓練孩子的溝通技巧，如對話與表達的能力、善意溝通練習或角色扮演，練習以不傷害他人的方式表達感覺等。

就前述小可與小珍的案例來看，原本小可的高人氣在小珍轉學過來之後受到影響，小可可能是由於嫉妒的緣故，想要孤立排擠小珍。小可或許對於小珍有許多不好的感受，只是她缺乏對自己情感需求的理解，如果老師能在此先行理解小可的感受，並讓小可理解自己眞正需求是過於在意自己領導地位受到威脅，害怕自己不再受同學歡迎。然後教導小可學習情感表達及溝通的正確方法，避免繼續運用錯誤的表達造成無法挽回的遺憾。

34 處理校園霸凌會遇到的八個困境

高職代理教師小陳戰戰兢兢站在講台上，想努力吸引學生目光，賣力地講解黑板上幾個公式，台下學生有的整節課趴著睡覺，有的安靜滑手機，唯獨戴著眼鏡努力抄寫筆記的王姓同學認眞上課，但是總有幾個同學大剌剌的翹腳嬉笑打鬧，最近他們變本加厲騷擾王姓同學，一開始只是言語刺激「假仙眼鏡猴不要討好老師！」、「麥咖認眞啦！騙肖！」到後來丟衛生紙、髒話三字經「XX！死眼鏡猴！」、「恁爸的話你是沒耳孔哩！」

甚至課本、外套被劃破，一開始小陳老師好言規勸，也通知過家長，到後來意圖用懲罰制止，但均無效果，每天提心吊膽的小陳一直不敢告訴學校，深怕自己不被續聘，因此事件並未得以解決，取而代之更爲惡劣的行爲，如折斷王同學的眼鏡、往全身潑水等。

後來王姓同學便開始請假缺課，小陳暗自鬆口氣，以爲日後一定會平息，但直到有一晚學校接獲家長投訴小陳「教學無力……冷言旁觀看學生被霸凌……教師霸凌……」，小陳老師一臉鐵青的接聽著校方打來轉述的電話。

教師是擔任處理校園霸凌的第一線角色，要負責與家長聯絡、與學務處聯繫、與輔導室接洽、與學生對談等。而且，霸凌的處理不是教師談過一次就可解決，通常需要花費相當多的心力來處理。在這過程中，教師們通常會遇到一些困境，分別敘述如下：

一、學生屢勸不聽：教師通常會對霸凌者進行規勸或警告，但教師常見的困擾就是講過了、罵過了也沒用，學生還是左耳進、右耳出，屢教不改。

二、學生價值觀錯誤：有些學生非常主觀，不顧他人想法或感受，或是認爲自己永遠是對的，其他人的看法或說法都是錯的，這些學生的價值觀也常讓老師感到頭痛。

三、學生個性難改變：有些學生個性衝動，另有刺蝟學生則是講話帶刺、冷言冷語，像這些學生都很可能涉入霸凌事件，教師們希望學生能改變個性或講話風格，但這部分的改變實難快速達成。

四、校規懲處無效：有些學生三天兩頭就被記警告，或是被記小過，對這類學生來說，若因爲霸凌他人而被記過，其實也不過是記過的數字上又添上一筆，對他們來說，校規懲處其實不痛不癢，這類學生對教師而言也是困擾。

五、民代介入：有些學生家長，不論是霸凌者或受凌者家長，遇到霸凌事件，就會找民代來進行介入及關切，導致校方倍感壓力，教師們也覺得動輒得咎。

六、幫派涉入：有些涉入校園霸凌的學生，其實在校外有隸屬的幫派。校方處理的過程中，幫派份子可能會聚集在校門口叫囂，這對教師來說不但感到頭痛，甚至害怕遭受人身攻擊與威脅。

七、家長對學生的縱容：當教師連絡家長，告知孩子涉入霸凌行爲，有些家長可能不明事理，一味地袒護孩子；而有些家長的溺愛、縱容、放任，甚至是無力管教，都影響著孩子的行爲，還有隔代教養的祖父母對孫子的行爲也無可奈何，這些都會讓教師覺得很無力。

八、家長不配合學校：霸凌事件發生後，不論是行政上的調查，或是調查完成之後的處置，其實都需要家長的配合。但有部分家長可能置之不理，不願配合調查時間一再拖延；或者不講理，不認爲自己的孩子有錯，或是對學校提出不合理要求，這類情況也是教師在處理過程中會遇到的困境。

綜合以上所述，教師在處理校園霸凌中會遇到的困境，其實與學生、校外人士及家長等角色有關。首先是學生們屢教不改、不受教，偏差行爲難導正。另外，也有可能是因爲教師們缺乏足夠的霸凌處理技巧，因此感到無奈與壓力；其次是校外人士，如民代或幫派的介入，都會讓教師在處理霸凌時，狀況變得更加複雜；另外，家長對學生的縱容與放任，不願配合處理霸凌事件，或提出不合理要求等，都會讓教師難以有效應對與處理。既然知道有這些困境，教師應可以早做準備，並且與學校一起商量對策。

前面的小陳案例，小陳是代理老師，礙於本身職務關係，深怕被校方認定爲教學不力，事實上他有採取行動，只是欠缺了解與處理方法。對小陳老師來說，班上的霸凌事件，他並非不介入，而是學生們屢教不改、不受教，而小陳缺乏足夠的霸凌處理技巧。霸凌案件的產生，並非直接與教師的教學有直接關聯，小陳案例並非複雜，如果他一開始即能通知學校並請求協助，應能收到改善的效果。

35

教孩子有效回應霸凌的策略

小家是班上的頑皮鬼，很愛捉弄同學，他的成績不佳，只想在捉弄及欺負同學的過程找到一些樂趣。小家的捉弄，有點像在試水溫，就像獵人在找獵物一樣，在捉弄同學的過程中，如果同學的反應很好笑，或是有人開始哭泣，對小家來說，就像中了賓果一樣，因爲被害者的反應讓小家感覺很好玩，會讓小家想繼續欺負他們。

像小明，被欺負就一臉衰樣，想哭又不敢哭，小家就很喜歡欺負小明。另有一次，小家到處抓男同學的下體，小飛被摸下體之後很不爽，抓著小家的手到窗戶邊，假裝要用窗戶夾小家的手，小家馬上縮手，笑笑的逃開。小明也想學小飛這樣勇敢的回應方式，但小明就是不敢這樣做，也只能默默忍著。

面對霸凌，一般人所想像的受凌者因應策略可能就是逃避、打回去、告訴老師、聽音樂或運動舒壓等。事實上，受凌者能選擇的因應策略相當多元，只是有些策略有效，有些卻無效。因此，了解受凌者常用的因應策略，並分析哪些有效、哪些無效，是相當有價值的議題。筆者與王俐淳合作發表的研究，即針對此主題進行分析。

首先，先說明受凌者常用的因應策略類型：

一、問題解決：能獨立解決問題或找出解決問題的方法。例如做些事情讓狀況變好、做些改變來解決事情、想出不同方法來設法解決。

二、尋求協助：向外尋求幫助以獲得力量及支持。例如向朋友求助、向家人尋求建議、向曾有類似遭遇的人求助或告訴老師。

三、抽離：與特定事件保持距離。例如強迫相信什麼都沒發生、忘了整件事、拒絕去想、告訴自己一切都沒關係。

四、內化：向內隱蔽或壓抑自己的情緒，以焦慮或憂鬱的型式來表達。例如變得憂鬱而說不出口、哭泣、過度擔心、感到難過。

五、外化：以攻擊行爲、反社會行爲來表露情緒。例如大喊大叫來發洩情緒，或是咒罵、丟或打東西來洩恨，或生氣難過而遷怒他人。

該研究針對受凌者常用而有效、常用而無效、少用而有效、少用而無效的策略進行區分，結果發現，受凌者常用而有效的策略是問題解決策略，常用而無效的策略是抽離策略，少用而有效的策略是尋求協助策略，少用而無效的策略是外化及內化策略。

因此，若學生或孩子面對霸凌事件，宜鼓勵孩子採用有效的策略，包括問題解決策略、尋求協助策略，都是可鼓勵的方法。學生可能會採用的問題解決策略包括聽音樂、彈吉他、參加社團、果敢地與當事人溝通、改變自己的個性等等。倒是在尋求協助策略方面，值得特別注意，因爲這是學生認爲有效卻少用的策略，顯示學生不習慣把受凌狀況告訴他人，但告訴他人卻是能有效解決問題的做法，因此，宜鼓勵學生，應盡速把受凌狀況告知家長、同學、師長、朋友等。

再就無效的策略來談，學生們認爲外化策略、內化策略、抽離策略都屬於無效策略，要告訴學生不宜採用這些方式來因應霸凌。例如：大喊大叫、打回去、遷怒他人、憂鬱、哭泣等外化及內化策略，都不會有效改善現況，而可能讓情況變得更糟。

至於抽離策略亦值得特別關注，因爲這是學生認爲無效卻常用的策略，可能因爲受凌者常處於負向情緒中，會覺得很不舒服，於是選擇抽離策略來與自己的情緒保持距離，這也凸顯出教導受凌者情緒管理策略的重要性。

就小家與小明的案例來說，小明被欺負後的反應，對小家來說是很有趣的事。因此，小家會盯上小明。小明所採用的因應策略，就是上述五項策略中的「內化」及「抽離」策略，因爲小明就只是哭泣、忍受、默默不語、假裝沒事等，都是無效的策略。若小明想要有效地改善自己的處境，就可以選擇採用「問題解決策略」及「尋求協助策略」，例如學習果敢溝通策略，說出自己的想法與感受；勇敢告訴師長，尋求他人協助；或者參與社團，發展興趣等，都是有效的因應策略。

36

學生認爲有效及無效的防制策略

小周是位國中生，他在學校是被霸凌的對象，但他卻選擇默默地隱忍下來。雖然學校依照規定有推行友善校園週，宣導霸凌防制的觀念；校長和主任也曾穿著戲服上台表演，找了幾家新聞記者來採訪，報導親民的校長用演戲來推廣霸凌防制。小周也看到學校裡面張貼了不少的霸凌防制海報，但是小周卻搖搖頭，在心裡小聲地對自己說：「弄這些根本沒有用啊！」

在教室，老師偶爾也會宣傳霸凌防制的觀念，呼籲被霸凌要立即說出來。小周在心裡對自己說：「講得簡單，說出來之後搞不好會死得更慘！」老師也呼籲同學們要有同學愛，看到有同學被欺負，要挺身協助，幫助弱勢的受害者。小周則默默地想：「最好是這樣啦！我被欺負的時候，同學們看到都沒有人敢出來幫忙啊！」小周也知道，學校好像也曾有幫家長及教師辦了一些霸凌防制的講座。小周覺得很奇怪：「老師既然上過課，怎麼感覺還是沒有用？」對於小周來說，學校好像推行了很多措施，但這些措施從他的角度來看，似乎都沒有什麼成效。

各學校推行霸凌防制相關活動，已行之有年，並辦理了相當多的防制策略，例如融入戲劇、晨間宣導、海報競賽等，所謂的防制策略，其實可再細分為預防策略、制止（介入）策略，而學校常辦理的其實是預防策略，如晨間宣導、海報競賽等。

學校雖然相當用心，但是推行後，學生能不能感受到效果，則是另外一回事。不過，若由學生的角度來探究霸凌防制策略的有效性，便相當具有啟示性。若能了解學生覺得哪些策略有效，哪些無效，對學校防制策略的安排及資源投入，具有相當重要參考價值。筆者與王怡今老師曾針對這個主題進行研究，並發表了期刊文章，研究結果說明如下：

中學生認為有效的防制策略，依序是告訴師長、導師與霸凌者談、導師與受凌者談、告訴受凌者父母、避免接觸、告訴霸凌者父母。

就這幾項策略來看，學生認為由學校師長處理是最有效的策略。此結果確實肯定了學校教師的價值及重要性，只要學校教師願意介入，都會對霸凌防制帶來積極的功效。另外，學生也認爲告訴父母是比較有效的策略，不論是霸凌者父母或是受凌者父母，因爲大人會出面協助或出面管教，對於孩子處境都能提供改善的效果。

倒是避免接觸也被認爲是有效的策略，這點凸顯出受凌者實難以應對霸凌者的攻擊，其明哲保身之道便是遠離霸凌者，以免被盯上。但學生在校內難免會碰到面，尤其霸凌事件多發生在班上，要在班上遠離霸凌者，其實相當困難。結論是學生認爲告訴師長或家長，請成人出面處理，是有效的因應策略。

中學生認爲無效的防制策略依序是：直接制止霸凌者、跟受凌者當朋友、學校辦活動宣導、制訂班規、導師處罰、增進同理心。

學生認爲直接制止霸凌者是無效的，可能因爲旁觀者、受凌者要有能力、有地位、有自信能制止霸凌者，但是這類型的學生並不多，而且，旁觀者、受凌者可能會害怕霸凌者的威勢，因此會認爲旁觀者、受凌者直接制止霸凌者並沒有效果。其次，跟受凌者當朋友屬於旁觀者介入策略，這對受凌者的情緒安定有幫助，但對制止霸凌並無太大效果，可能因此而被認爲是無效策略。

再者，學生認爲學校辦活動宣導比較無效，可能因爲宣導歸宣導，霸凌還是會發生，於是這些活動式的宣導就被認爲是無效策略。至於制訂班規與導師處罰比較無效，可能因爲對霸凌者其實不具嚇阻力，霸凌者可能沒把班規及處罰放在眼裡；而且，處罰霸凌者之後，可能會讓受凌者變得更慘。而增進同理心也被認爲是無效的，可能是學生認爲，就是沒有同理心才會霸凌他人。但這應該是屬於同理心訓練成效的問題，若能有效提升霸凌者同理心，其實對霸凌防制應能產生一定的功效。

從前述的分析，可以歸納出幾點教育啟示來進行討論：

一、教師介入被認爲可能有效，也可能無效

學生認爲告訴師長及與導師對話是有效的策略，但學生同時也認爲制訂班規與導師處罰是無效的策略，也就是說，關鍵在於老師要如何有效的介入。若教師肯花心力與霸凌者、受凌者對談，相信都能帶來一定成效；但教師若只依靠處罰，則對霸凌者

的影響不大。

並不是說制定班規及相對應的處罰無效，而是說單純只依靠處罰，並無法發揮感化的功效。其實，最能有效處理霸凌的教師，就是軟硬兼施的老師，讓學生面對自己行爲的邏輯後果（班規及處罰），但也能與學生對話交心，如此才有機會發揮感化的效果。

二、告訴家長被認爲是有效的策略

由於學生仍受到家長的監督及管教，因此，能理解爲何學生認爲告訴霸凌者家長是有效的策略，其實就是寄望霸凌者的家長能帶回家管教，讓霸凌者心生警惕。而告訴受凌者家長也被認爲是有效策略，應該是孩子認爲自己已無法解決問題時，希望由家長代爲出面協助處理。不論是教師或家長，其實都反映出學生認爲告訴大人，請大人協助處理是有效的策略。

三、學校宣導活動被認爲無效

每學期的友善校園週，多數學校會辦理一些例行性的宣導，或是申請經費來辦理霸凌防制活動，例如單車運動來防制霸凌、參觀法院來防制霸凌、海報比賽來防制霸凌等。若這些活動只是淪於形式化的交差了事，則當然會被學生認爲是無效的策略。問題不在於有沒有宣導活動，而是學校本來就要負起宣導霸凌防制的責任，關鍵在於如何宣導，能不能讓學生有切身的感受。

回到小周的案例，學校辦理的霸凌宣導活動，是希望透過活動能產生「預防」作用。但對已被霸凌的小周來說，自然沒什麼效果，因爲小周需要的是「介入」措施，以有效制止霸凌者。而且其關鍵在小周的班級教師身上，因爲霸凌多數發生在班級內，若班級教師能積極並有效介入，採用前述所提的方式，如與霸凌者嚴肅對話、與受凌者交談、能軟硬兼施等，相信都能有效改善小周的處境。

再者，小周所認爲無效的宣導措施，並非沒有存在的價値。因爲學校的宣導有助於學生建立正確的認知及觀念，其是否有效的關鍵在於如何宣導，若是霸凌防制的宣導流於形式化，如在講台上廣播五分鐘，相信對孩子們的影響並不大；若是能邀請到畢業學生來說明自己多後悔加入霸凌，或邀請到先前受凌者來現身說法，相信更能觸動人心，對學生來說也會更有共鳴。

37

教師通常會視輕重，以三階段處理霸凌

班上的「暴龍」身邊總是圍繞許多同學，暴龍人高馬大在人群中非常顯眼，在老師眼中是非常「有名」的同學。只要是暴龍盯上的，沒有一個不「乖乖聽話」，沒有人敢在暴龍面前吭一聲。新官上任的學務處周主任在尚未接任職務前，就聽聞過這號人物，不過，心裡總想「不過是小毛頭，有何能耐？」

沒想到開學第一週就掀起校園風暴，正義感十足的小雨非常希望新進學務主任能主持公道，暴龍聽聞同學通風報信，立刻找小雨「談談」，整整談了一個星期，讓小雨周遭好友紛紛躲避，周主任聽聞此事非常生氣，只是沒想到暴龍主動上門跟主任報告，還帶了一票人馬，暴龍說：「老師！我最近跟小雨有一點小誤會，但沒事了，我會好好向她道歉，也會好好照顧她的，請老師放心！」周主任眞沒想到這孩子來這招，讓他無從招架，得趕緊找小雨來問問到底發生什麼事？並打算在學生朝會中宣導「霸凌防制活動」。

教師在防制校園霸凌上扮演了相當重要的角色，在上一篇，中學生認爲最有效的防制策略的前幾項，都和教師有關。由於受凌者被霸凌後常有不敢講、不想講的情況，然而他們仍會寄望著教師們能發現，然後立即出面制止，以拯救苦難。通常教師只要願意介入制止，也都能發揮一定的效果。

本文欲探討的主題是：教師們若遇到校園霸凌事件，通常會如何處理，並提供給校園內的教師參考。以筆者執行過的教育部委託研究報告來看，教師們通常會採用下列三階段的處理方式：

第一階段，先釐清事實、了解原委，再依情況進行處理。

第二階段，若是輕微的霸凌狀況，教師會採用規勸（糾正、警告、約法三章、告知法律）、教導（如何自保、同理心、自我檢視、應對方法、宣導）及輔導。

第三階段，若是嚴重的霸凌狀況，教師們會轉介輔導、校規懲處、通知雙方家長或通報警察少年隊來處理。

通常教育人員的處理方式是先了解事情發生的原委，以求先行釐清事實，再依情況來進行判定及處理，師長們也會參考學生態度、是否雙方有錯、嚴重程度等狀況來判斷。若判定是輕微的霸凌狀況，師長會採用糾正、警告、約法三章、告知法律等規勸方式，也會試著教導如何自保、要有同理心、試著自我檢視、學習應對方法、霸凌防制宣導等，並在過程中給予關懷與支持，並請輔導室提供輔導。若霸凌情況已屬嚴重，師長們通常會偕同學務處共同處理，也就是依校規懲處，然後通知雙方家長，並請輔導室對霸凌者、受凌者、全班同學提供輔導；若事件太過嚴重，則會通知警方或少年隊來進行協助與處理；也會保持後續追蹤。

通常，教師們對校園霸凌的介入處理策略，以規勸及處罰霸凌者爲主，對於受凌者則是以教導應對策略爲主，若問題過於嚴重，才會請行政處室（如學務處、輔導室）協助，或交由警方或少年隊來處理。

前面案例中的暴龍是否是霸凌者？必須進一步釐清。該案例的周主任應該對於暴龍除了應有的規勸、校規處分，並交由輔導室輔導。對於小雨，校方應積極協助恢復正常校園生活，同時建立正向友好校園氣氛，以破除校園小霸王勢力。班級導師的角色也很重要，可以教導學生自保、同理心、自省檢討、應對進退的溝通方法等。相信在校方、導師、同學的合作努力下，應有助於轉變班級氣氛。

38

有效的受凌者輔導策略

張校長學有專精，對WISER輔導策略相當熟悉（W代表全體原則、I代表個別化、S代表系統合作、E代表效能評估、R代表三級處遇的跨專業資源整合）。該校發生了一件疑似霸凌事件，有學生在附近公園向同學勒索七十元，並押著同學到另位同學家取走一一〇元，並拿走家中的食物。學校依規定進行通報。

張校長的學校在初級輔導的部分，進行了宣導、訂定霸凌防制校規、落實通報；在次級介入輔導的部分，學校進行了個別化輔導與校外各縣市社區醫療單位等系統性合作。趙老師是學校專輔，對輔導策略相當熟悉，但沒參加過防制霸凌研習，對於需採用哪些策略來輔導霸凌者及受凌者比較有效，仍不清楚，因此仍用一般化的輔導策略與原則來進行個輔。另一個案例，在軍中擔任義務役輔導長，卻說「對官兵的輔導，就是叫過來打電動」。這當然是玩笑話，但也促進了我們的思考：到底做些什麼能對當事人有幫助？

對於有效的輔導與諮商策略，其實有不少研究，包括治療關係、同理、接納、不評價、保密、溫暖等面向，都是有效的輔導要素。以這些要素來看，其實只要成人能給予積極傾聽、建立良好關係、支持與同理，對當事人就有效果。而這用在受凌者身上，也會帶來足夠的成效。

若要進一步思考，有沒有針對霸凌受害者的有效輔導策略研究？有學者在二〇二一年就針對這個主題進行探討，當時招募了十位十四～十六歲正在接受霸凌諮商的受凌者，由被諮商者的角度看哪些諮商因子對他們有幫助。結果發現，有五項諮商輔導因子被認爲有助益，分別敍述如下

一、治療關係：理解、傾聽、支持、肯定與鼓勵、同理。

二、表達性媒材：運用牌卡、掛圖或繪本，讓當事人畫出或說出自己的想法或感受。

三、處理策略：

1. 停止與思考：遭遇霸凌時透過一連串自問自答的方式來降低自動化的情

緒反應，特別適用於被挑釁的情境。例如可問問自己「好好想想，我爲什麼要覺得生氣？」

2. 果敢訓練：給受凌者一張清單，上面寫著「憤怒」、「消極」、「果敢」，當受凌者又遇到霸凌情境的時候，拿出這張清單並想想自己要用哪種方式應對，這可以幫助受凌者學習更多果敢的行動。

3. 正念：當遇到霸凌情境的時候，專注在自己身體的感覺，而非注意霸凌者挑釁的行爲。

4. 分心技巧：當生氣的時候去畫畫、專注在呼吸、跳舞、運動、寫字等，讓自己不要想著要去報復霸凌者。

四、提供建議：提供可行的方向，讓受凌者覺得自己是可以有所選擇的，對生活有掌控感。

五、創造安全的情境：包含保密以及諮商協議。

由上述研究成果，我們可以得出以下幾項在教育及輔導上的啟示，可提供教師在現場運用。

1. 建立關係

受凌者被霸凌後，其實是相當無助及沉重的，若有成人願意關心與陪伴，受凌者會感覺自己並不是獨自面對這件事，心裡就會覺得好過一些。因此，成人可以試圖與受凌者建立良好的陪伴與對話關係，以前述的研究成果來說，成人可以提供理解、傾聽、支持、肯定與鼓勵、同理等方法。

2. 面對及接受自己的情緒

受凌者會有嚴重的情緒困擾，若沒有好好面對，將會造成嚴重身心問題及疾患。因此，讓受凌者面對並接受自己的情緒，例如運用繪本、繪畫、牌卡，讓受凌者可以表達出自己的想法或感受，並可獲得成人的理解及同理，這都有助於受凌者面對及接受自己的情緒。

3. 教導如何處理情緒

有些霸凌者會故意激怒受凌者，由此來獲得樂趣。若受凌者能調節好自己的狀況，不被霸凌者所「點燃」、「促發」，霸凌者也可能會自討沒趣而離去。以前述的研究成果來說，分心技巧、正念、停止與思考等方法，都能讓受凌者暫時控制住自己的情緒，提醒自己不要被情緒所支配。

4. 理直氣和的說出來

若受凌者了解哭泣、迴避等是消極的回應、試圖罵回去是攻擊性的回應，並進一步學習到什麼是果敢的溝通法，也就是「理直氣和」說出自己的想法及感受，並希望對方可以停止這些行爲。這對改善受凌處境會有幫助。

回到前面的張校長及趙老師的案例，張校長的學校採用WISER輔導架構，但趙老師本身對因應霸凌的有效輔導策略並不清楚，因此仍採用一般性的輔導策略。若趙老師能採用上述的有效策略，例如建立正向與信任關係、善用表達性媒材、教導果敢策略與正念技巧、教導學生面對及處理自己的情緒等，相信能對受凌者帶來正向助益。

再回到軍中輔導長打電動例子，若是讓孩子去打電動，叫他不要想太多，這樣稱不上是輔導，頂多算是迴避策略或分心策略。但是，若是以打電動十分鐘，和孩子聊聊電動，來建立關係，慢慢打開其心防，接著教導孩子面對、接受、處理自己的情緒，那麼，打電動也可能是輔導策略的手段之一。

我們的最終目標是教導孩子面對及接受自己的情緒，接著處理情緒。也就是聖嚴法師所說的四它，「面對它、接受它、處理它、放下它」。孩子若能學到面對、接受、處理自己的情緒，當自己情緒的主人，而不是被情緒牽著走，將會一生受益。

39

勿只責備霸凌者，採用傾聽回應的雙向溝通較有效

羅妹上了國一後，依然和國小朋友保持聯絡，還被拉入聊天群組。可能因為羅妹講話得理不饒人，常惹怒衆人，導致在這十二人的群組中，她常被言語攻擊，甚至群組中有幾位同學會對羅妹說些羞辱性質的話，如稱之為「婊」、「賤人」、「臭鮑魚」，或評論她「當狗也不配」、「在吃屎」等言語，之後該群組還被更名為「公幹婊子團」。在那些攻擊者中，有四位目前仍與羅妹同班，因此，羅妹試著向老師反映。老師非常生氣地

叫四位同學過來責罵一頓，還命令群組要立即解散，不然每人就記二支小過。

四位同學中，小琳是帶頭者，小琳對於被老師臭罵一事，感到非常不悅，認爲老師憑什麼叫大家解散國小群組，裡面有一半的人又不是在本校。小琳非常生氣，又在群組上臭罵羅妹，說都是羅妹害大家被罵，同學們也就跟著起鬨持續羞辱及辱罵羅妹。後來羅妹的媽媽知道此事，將這幾位在群組內亂發言的學生告上法庭。

當教師或家長面對孩子是霸凌者時，最常用的方法就是責備、斥責、碎唸、苛責。但孩子常常依然故我，不思改變。教師或家長很無力，畢竟罵也罵過了，唸也唸過了，孩子不改，大人也沒辦法。其實，要思考的問題是「爲何責備或碎唸霸凌者的效果不佳」。

第一，大人們往往以自己的價值觀強加於孩子身上，例如要用功讀書才好找工作、要待人以和、要尊重自己也要尊重他人、要管理好自己的情緒……，事實上說教的過程，就是在傳遞價值觀。當發生霸凌事件後，對霸凌者進行說教與責備，雖是人之常情，但孩子卻聽不進去，因爲，那是大人的價值觀，不是孩子的價值觀。例如大人們認爲「同學之間要和氣相處，不要欺負別人」，但孩子們想的可能是「那小子欠罵欠教訓」。所以大人想傳達的價值或理念，孩子當然左耳進右耳出，根本就沒有進到他的心坎裡。

問題的關鍵之一，就是在「說教」與「責罵」。當孩子們已習慣後，當下心裡想的是「要說就讓你說，要罵就讓你罵，我忍一忍就過了」。因此，教師或家長宜反思，用責罵或說教的方式來傳遞價值與理念，是否眞的能有效達成目標。

第二，霸凌者被罵時，內心會產生防衛機制，他會開始否認、推諉卸責、合理化自己的行爲、責怪受害者。當霸凌者的內在防衛機制愈強，大人們的責備及說教愈沒有效果。

而促發霸凌者防衛機制的成因，其實就是成人的責備及說教，因爲孩子們在心裡將被責罵視爲被攻擊，促發「戰或逃」的反應，孩子們自然會想保護自己。

第三，霸凌者的需求沒有被看見。霸凌者的攻擊行爲，可能有「行爲背後的需求」沒有被看見。例如霸凌者覺得很無聊，想要找樂子，有可能是霸凌者在課業上找不到成就感，對上課不感興趣所造成。或者霸凌者覺得很生氣，可能因爲被對方的白目行爲所騷擾，因爲很生氣，於是霸凌者採用攻擊來作爲回應，而其背後的需求可能是不想被騷擾或激怒。而有時霸凌者看不順眼對方的行爲總是不合群，可能就會採用關係或言語霸凌來試圖教訓對方，其背後的需求可能是青少年間的行爲默契或班級默契需要被遵守。也有可能當霸凌者覺得對方很髒，用言語或肢體霸凌來攻擊對方，其背後的需求是怕自己生病而希望對方遠離。

那麼，要怎麼樣和霸凌者嚴肅與正經的對談（serious talk），才會有用呢？以下提供三點建議：

一、避用責備與說教，以免激起防衛機制。

孩子們對於被罵這件事，其實很有經驗，也相當敏感。當孩子意識到自己會被罵，就會樹立起防衛機制，這時候，大人們不管說什麼，所得到的都只是孩子們的藉口回應罷了。因此，大人們宜有認知，責備與說教是最簡便，但也最無效的做法，因為孩子聽不進去，說什麼也沒有用。

二、改用對談或對話來溝通。

因爲單向溝通的成效，比不上雙向溝通。當教師或家長採用責備與說教，事實上就是隱含著「我是對的，你是錯的」、「我講什麼，你就乖乖聽話」的單向溝通，而且是由上而下的灌輸方式，讓孩子們能接受自己的價值與信念，結果誠如上述，孩子聽不進去，說什麼也沒有用。

因此建議採用對話或對談之雙向溝通的方式，讓孩子有機會說出自己的感受、想法，而大人們若願意傾聽，霸凌者會覺得自己有受到尊重，也才會尊重大人，認眞地聽大人在講什麼。而且，透過提問與對話的過程，可以讓學生慢慢意識到自己的錯誤，就比較有可能會轉變自己的行爲。

換言之，透過溫和嚴肅而不帶怒氣的對話與提問，讓孩子有機會去思考，有思考才有機會去轉變。要注意的是，這邊所指的提問並不是質問，提問是爲了讓孩子思考並說出自己的觀點或感受，質問是爲了指出孩子的錯誤，這在本質上有很大的差異。

三、霸凌者的需求也要被正視。

當大人們能看到霸凌者內在的需求，霸凌者可能就會覺得「這個大人不一樣」、「這個大人在聽我說什麼」、「這個大人重視我的想法及感受」……等，有被大人尊重的感受。當大人們能正視霸凌者的需求，不論是班級默契需要被遵守（合群）、想要找樂子（玩樂）或不想被騷擾或激怒……，大人們聆聽並做出相對應的回應、調整、承諾與修正時，那麼霸凌者也就會比較願意配合，並做出相對應的調整與修正。

綜合以上所述，能有效管教的教師或家長，其實就是使用軟硬兼施的策略，軟的部分就是用對話的方式，雙向溝通，能尊重、傾聽與回應；硬的部分就是明確告知行爲界線，建立不影響他人、不傷害他人的原則，讓學生了解自己行爲的錯誤。能軟硬兼施的教師或家長，其實就是做到了「管望教愛」，也就是「管教」、「期望」、「教導」、「關愛」，這樣的方式比較有機會培育出孩子的正確價值觀與人生觀。至於只會一路「硬」到底的教師或家長，常在怨嘆自己的管教都沒有用，甚至責怪孩子不受教，這樣的教師或家長宜反思，除了「硬」到底之外，還有沒有其他選項？

回到羅妹的案例，羅妹可能因爲常用言語激怒他人的緣故，在國小群組中被群起攻擊。國中老師知道了之後，臭罵了小琳一群人，但卻沒有效果，反而使得羅妹在群組中被攻擊得更慘。這就是本文所要論述的主旨，不要只會責罵霸凌者，因爲他們的防衛機制會被激起，作出了「戰」的反應，加上霸凌者的需求——受不了羅妹的嘴——沒有被老師看見，還被責罵，所以孩子當然聽不進老師的話。

要改善小琳這群霸凌者的行爲，老師能做的就是以對話溝通來取代責罵，當孩子覺得自己被平等對待與尊重時，才會願意反思自己的行爲。另外，小琳等人的需求也需要被正視，他們受不了羅妹的激怒言行，出於怒氣而選擇用言語攻擊來規訓羅妹，人生氣時可能想不出其他解決問題的替代選項，才會直接以言語霸凌。若老師能正視小琳等人的內在情緒及需求，讓他們覺得自己被同理了，才更有可能會配合學校及老師的教導，進而改善行爲。

40

修復式正義是促進同理、改善現況的對話機制

大學生小莉跟陳老師抱怨小美這星期生化實驗課沒來當助教，害小莉臨時向店長請假，替小美擔任助教。

陳老師表示：「我已經知道事件經過，那麼妳有何感受？有何想法？」

小莉回說：「老師，小美害我臨時請假被扣薪水，薪水減少會影響我的生活，而且小美實在很過份，事先也沒跟我說。」

陳老師接著問：「那麼妳希望小美怎麼做？」

「嗯……我還沒想到，但目前只希望她跟我說對不起。」小莉說。

「好的！我了解了，之後我會邀請妳和小美一起進行修復式對話，讓我們來一起解決問題，可以嗎？」小莉同意了這樣的方式。

之後，陳老師詢問小美：「對於妳沒當助教讓小莉代替妳，妳有什麼想說的？」

「吼！老師，我不是故意的，我是覺得對小莉過意不去，但她在班群組罵我耶，讓我很沒面子，我也很生氣呀！」

陳老師也對小美表示是否要一起跟小莉進行修復式對談，但小美說：「如果是要我坐著被她罵，我才不要！」

「修復式對話不是要妳們互相指責，請放心，我也會在場的。」陳老師解釋後，小美鬆口表示願意試試。

當霸凌事件發生後，學校會進行調查及釐清，判定是否爲校園霸凌事件。在事件調查的同時，或是事件調查完成之後，學校或教師會想試著用「修復式正義」（修復式對話）的方式來進行調解。而多數人可能不清楚什麼是「修復式正義」，懷疑到底要修復什麼？誰要被修復？對於大多數家長而言，甚至認爲所謂的正義，就是霸凌者應該要被記過退學。因此，針對修復式正義的對話，進行幾點說明如下，提供教師們參考。

一、修復式正義是雙方進行修復的一種會談程序

修復式正義在台灣是由司法界先行推動，加害者及被害者若能進行修復式正義的對話，較能找出雙方達成共識的接納點，較能理解雙方的想法及感受，多數都滿意會談的程序及成果。有鑑於這些正向成效，目前開始往教育界推動，而校園霸凌就是適

合推動修復式正義的一種情境。

修復式正義的程序中，會有一位促進者，主要是透過提問，引導雙方講出想法及感受。開始前可能會舉行「會前會」，有助於在正式會談時的主持及掌控。促進者會分別與霸凌者及受凌者私下會談，透過提問先行了解：事情發生的經過、當事人的想法及感受、當事人在意的重點及需求、當事人的期盼等。

在正式會談時，促進者會坐在霸凌者及受凌者中間，可能還會邀請同學或家長參與，進行的程序爲先說明會談的目的、說話原則及程序；接著，促進者透過提問，輪流引導雙方講出想法及感受，以協助雙方理解彼此的看法及感受，增進相互同理；最後，會引導雙方協調出未來可以做些什麼來讓狀況更好。

進行修復式正義的對話，有助於增進雙方理解、化解衝突、修復關係、改善現況。

二、修復式正義和應報式正義不同

一般人所期待的正義，就是有錯當罰，霸凌者就是要被處罰、被記過、被退學，這稱之爲應報式正義。受凌者家長期待的大多是應報式正義，就是要「處理」霸凌者，就是以牙還牙、以眼還眼，讓霸凌者也得到痛苦，這才算正義。但就算霸凌者被處罰了，受凌者的需求仍未被滿足，受凌者的痛苦仍未被弭平。以一個中東的新聞案件爲例，有人爲了追求正妹，追不到，就潑酸讓女生毀容並眼瞎，以中東的律法，就是要挖出加害者的雙眼以賠償，但在最後一刻，受害者卻選擇寬容，因爲她說，就算挖出了對方的雙眼，她仍是看不見，也得不到內心的平靜。這就是應報式正義可能不符當事人眞正需求的一個例子。

修復式正義採取不同的途徑，透過陳述想法，讓受害者理解霸凌者當初在想什麼、現在在想什麼，並理解霸凌者行爲背後的脈絡；透過陳述感受，讓霸凌者理解受凌者的痛苦與生活中的困擾，以增進霸凌者同理心及促發羞愧感；透過陳述期盼，以找出雙方在意的眞正需求，找出雙方能接納的共識點，進行道歉、修補、賠償、回復關係等解決方案。

三、修復式正義是一種選擇，而不是強制措施

依現在的防制規定，遭遇霸凌後，學校可採用修復式正義程序進行雙方對談，霸凌者及受凌者可自由選擇要不要參加。由於修復式正義並不是強制措施，因此不參加也不會被處罰，而是一種自願參與的選項。

四、修復式對話可能要經歷數次，而且不保證百分百有成效

進行修復式對話，可能無法期待只進行一次的會談，就能解決所有的問題。以現場中小學實務經驗來看，有部分的個案，可能需要經過數次的修復式會談。而且，進行修復式對話不見得百分之百能解決問題，以研究來看，進行修復式會談，大約有七至八成參與者覺得滿意，這也代表著仍有二至三成的參與者覺得成效不足。因此教師及家長宜有正確的認知，就是修復式正義是一種自願參與的對話程序，透過引導式的對話，試圖化解衝突、改善關係，雖然不見得必然有滿意的成果，但作爲一個增進同

理、改善現況的協調機制來說，這個選項的成果仍值得期待。

回到案例，陳老師與小莉、小美的對談，即爲修復式正義對話前的「會前會」，先引導並了解雙方想法、感受、需求與期待。當進行正式的修復式對話時，老師會先說明對話規則，接著輪流引導雙方個別發表感受、需求與期待，以期能達到相互了解，進而同理對方，如能同理對方才有可能進一步達成和解。老師扮演的角色除了傾聽者，也需釐清並確認參與者眞正想法與感受，並適時給予鼓勵，讓雙方都能有勇氣表達內心想法。

41

支持團體法，可有效處理校園霸凌

小新被同學暗地裡稱為「白目王」，他總是自己一個人，因為沒有人想跟他一起玩。小新會去騷擾別人，例如任意拿取他人物品，意圖讓對方氣得追著他跑，他卻開心得不亦樂乎；不然就是任意改變大家玩球規定，還得理不饒人；還有趁他人不注意畫他人課本；或是也常跟老師打小報告惹同學白眼。而有幾句話他經常掛在嘴上，像是「你們絕對會被我打爆」、「你們最白癡」，甚至會口出髒話。

當同學跟老師反映小新的狀況，老師總說「別理他啦」、「你們離他遠一點」，老師也試圖跟小新說道理，但好話說盡，也未見效果。每當分組合作時，小新總是最後一個被選或落單，他也常跟老師抱怨，「大家都不理我，大家都在霸凌我」，老師只好求助主任。最後主任想利用支持團體法，看看是否可以解決小新的問題。

支持團體法（support group method, SGM）在一九九四年由國外學者提出，原本被稱爲「不加責怪法」，後來才更名爲支持團體法。這個方法相當適合在班級上推動運用，因爲它結合了問題解決法、同儕介入法、提升同理心等策略，而且，實證結果也顯示能有效處理校園霸凌問題，因此，相當推薦給學校教師在班級內試用。其步驟說明如下：

一、私下與受凌者談

與受凌者私下會談，了解事情發生的經過，有誰涉入事件當中，了解受凌者在這個過程中的感受、想法、生活上遭遇什麼困境等。並詢問班上有哪些朋友，或是有哪些願意幫助他的人。

二、召集支持團體

依前面所談到的對象，包括涉入霸凌的霸凌者或隨從者，以及願意協助的朋友們或挺身者，召集這些成員組成一個支持團體，團體可維持在四～六人，注意霸凌者或隨從者不可過半數，以免團體氣氛偏向責怪受凌者。向這些成員說明組成支持團體的原因——由於班上有人被霸凌，現在不是要追究責任，或責怪任何人，而是希望大家可以提供協助。接著，說明受凌者所面臨的困境、痛苦、悲傷、日常生活中的轉變或困境等，以激發與會者的同理心，鼓勵大家換位思考，如果是自己遇到此狀況，會不會也是那麼痛苦。

三、請團體成員共負責任提出想法

請團體成員共負責任，請大家一起協助，一起來讓受凌者變得更好。接著，請成員提出建議，看看能做些什麼，讓受凌者可以好過一些。這就是問題解決策略，讓學生思考解決問題的可行策略，並選擇最能有效回應受凌者需求的策略。若有學生提出沒建設性的做法，老師可以進行過濾，委婉說明，並鼓勵提出其他想法。

四、交由團體成員處理

請團體依先前提出的建議，鼓勵學生實際去執行，給成員一週的時間去落實。並告知一週後會再私下找來個別談話，以了解事情的執行及改善狀況。

五、再次會談

先私下與受凌者會談，了解這一週內同學有做些什麼，狀況有沒有好轉，霸凌的狀況有沒有改善等。接著，私下個別詢問團體成員，了解這一週內做些什麼，或協助受凌者什麼等，採用私下個別詢問，是為了怕同儕進行比較或產生壓力。若狀況改善不明顯，可再進行第二週的支持團體，程序與上述相同。

依國外的研究顯示，有七至八成參與者認為支持團體法有效。至於支持團體法有效的原因，在於團體內不怪罪、非汙名化，使霸凌者不會心生報復；而且，支持團體有其他朋友或挺身者加入，讓受凌者的孤立狀況有所改變，而霸凌者知道有同學及教師介入，也會比較收斂。這個方法善用同理心策略、問題解決策略、旁觀者介入策略，是由同儕自己提出辦法來進行協助，而不是由上而下的強制改變。

通常，支持團體在進行一至兩週後，受凌者的狀況就會有所改善。若支持團體的成效不明顯，可另行改組召集其他支持團體，再試一次。對該法有興趣者，可到 YouTube 搜尋「支持團體法」示範影片，以獲得更多訊息。

再回來小新的案例，班上難免會有像小新這樣不受歡迎的孩子，小新只是欠缺人際關係技巧，所以透過錯誤的方式，如騷擾、作弄來與他人互動，小新與同學長期處於無法和平相處的關係；更無法彼此了解，互相體諒，如不處理將可能導致霸凌事件。在本案例中，同學們是否正進行關係霸凌，需進一步了解。若小新的班級推動支持團體法，透過同儕協助及支持的力量，有機會使小新沒有朋友的孤立狀況有所改善，當小新在學校過得比較開心的話，其偏差行爲及騷擾行爲有可能會隨之改善。

42

提升受凌者復原力的輔導法

小運是高中體育班學生，在校時長期受到同學的言語霸凌，還因此就醫。學校知道此事後，請小運回家休息一陣子，對於行為人小莊則是記了兩支小過，並暫時在他班寄讀。校長爲了讓此事盡快落幕，和小運對談，希望小運能原諒小莊，讓他能盡快回原班就讀。

但小運及家長非常不滿，認爲讓小運在原班級中與小莊見面，會增加小運的內心壓力。校長則認爲小莊的言語霸凌行爲已改善，還是得準備回原班就讀，同學們要盡快和解，並恢復原有上課狀況。小運覺得自己被言語霸凌後，還得和小莊繼續在同班就讀，心理壓力非常大，校長根本沒有站在自己的立場思考及體會，他覺得非常的失落，於是開始輟學。

韌性，又稱復原力，是平凡人都能擁有的神奇力量。有些人有較高的韌性，遇到困境較不會被打倒；有些人則是復原力不佳，一遇到困境就氣餒、就放棄。有研究者針對出身貧窮的孩子進行研究，結果發現有部分的孩子長大以後，適應良好，並不會被貧窮的過往所侷限，而這些孩子都具有較佳的復原力。就此而言，試著提升受凌者的韌性，對於他們的學習歷程或長大後的發展與適應，都會有所助益。以下是研究發現與復原力有關的個人因素，值得針對這幾點加強輔導，以提升孩子們的韌性。

一、問題解決能力

學生的問題解決能力通常不好，所能想到的解決問題方法常不符需求，也想不出其他方法來解決。因此，可以培養受凌者的問題解決能力，教導孩子由界定問題開始，接著試著分析問題的關鍵與需求、提出不同方案、選擇與執行、調整修正。若能提升受凌者的問題解決能力，將有助於提升其復原力。

二、適應變化的隨和氣質

有些學生對儀式或順序，相當固著，對於做事的順序也相當執著，這些孩子在面對變化時，會出現適應不良的狀況。要讓孩子接受「變化是常態」，要學習適應變遷，發揮「兵來將擋、水來土掩」的精神。因此，可以讓受凌者在面對變化的過程中，學習不斷的調整、修正，讓自己有更好的適應。

三、正向自我形象

對自己的自我形象愈負面，例如常說自己沒有用、說自己很笨、很糟、認爲自己的未來一片黑暗，這樣的學生對現在的生活及未來的生涯，通常適應較差、未來發展較差。因此，可讓受凌者試著建立正向的自我形象，俗話說「一枝草，一點露」，每個人都有自己的優勢亮點與生存價值，師長或家長應學習鑑賞受凌者所具備的優點，並讓受凌者可以正視自己的優勢長處。

四、建立樂觀的人生觀

悲觀的學生較容易適應不良，也較容易內在歸因，認爲「發生不好的事都是因爲自己所造成」；或者較易普遍化的解釋，認爲「自己在這件事很糟，在其他地方也一定很糟」；以及較易永久化解釋，覺得「自己不只現在會這樣，以後也一定會持續這樣」。

因此，可引導受凌者發展出樂觀解釋風格，讓受凌者學習在遇到困境時，試圖尋求外在歸因，也就是「壞事的發生，是因爲霸凌者的問題，不是我的問題」；或學習做出特定的解釋，即「自己在班上被霸凌，但我在其他地方或領域應會有更好的發展」，因爲在社團、球隊都沒有這種問題；以及試著做出暫時的解釋，即「現在被霸凌只是暫時的，隨著時間經過，狀況會好轉」，我長大後就不會再遇到這種問題了。

五、控制情緒與衝突的能力

若孩子的情緒管理能力不佳，就會常常沉浸在負面情緒中；若孩子的衝突解決能力不佳，就會常常與他人產生衝突。這對受凌者都是相當不利的狀況。因此，成人可以試著以「社會與情緒學習」來教導受凌者，也就是強化受凌者的情緒管理能力及人際溝通能力，讓孩子可以更正向地面對情緒及人際困境。

六、擁有個人卓越才能

若孩子身上沒有「亮點」，就容易產生負向的自我形象；若孩子身上有卓越的才能，例如吉他、街舞、繪畫、程式設計、運動……那麼就比較不會沉浸在被霸凌的負向狀態，而投身於自己的長處，更能肯定自己、發展自己的優勢。

七、培養幽默感

具有幽默感的孩子，比較禁得起開玩笑，比較好相處，人際關係比較好，而且較能以自嘲化解人際困境。若受凌者能學習發揮自己的幽默感，相信人際關係定能改善，而復原力也會相對的提升。

八、自我規範

也就是引導行爲達成目標。面對困境，解決問題時，都需要擬定計畫，提出解決方案，但若不具備自我規範能力，無法引導行爲來達成目標，那麼，所擬定的計畫或所提出的解決方案，都將難以落實。因此，可試著引導受凌者強化自我規範能力，也就是要能堅持到底，以意志力來落實所擬定的計畫，或所提出的解決方案。

回到小運的案例，小運被言語霸凌後，還要承受與加害人同班相處的心理壓力，於是有了輟學的狀況。若小運能進一步提升自己的心理韌性或復原力，試圖持續提升運動才能；建立正向自我形象，如對自己說自己並不糟糕，還有很多優點；或協助小運以自我規範來達成目標，如挑戰全國中等運動會前三名，這都能有助提升小運的自信及自我效能感。相信就不會有後續的輟學狀況。

至於和小莊同班的心理壓力，可由提升小運的問題解決能力來著手，例如，小運和小莊可進行修復式正義的對談，了解雙方的想法及感受，並試圖找出能化解此問題的處理方式；小運也可在輔導室及導師的協助下，提升情緒辨識能力、對情緒與特定行爲聯結的覺察，如覺察見到小莊就會發抖的情況，練習減敏策略，如看到小莊的相片就會發抖，就調整吸呼來化解緊張；再慢慢進階到看到小莊在十公尺外就會發抖，再以調整吸呼來化解緊張……慢慢進階到可以在同班相處。

相信上述的策略，在輔導教師、導師、家長的協助與合作下，都能爲小運帶來助益，以提升其心理韌性。

43

教導自我療癒策略，增加受凌者復原力

被霸凌的黃雅，年方十六，正值青春年華，卻投河自盡，生命就此殞落於自己手中。黃雅的媽媽悲痛萬分，找到了黃雅的書包，內有遺書一封，才知曉了黃雅被霸凌的情況。

原來在升上高中之後，黃雅開始被同班及隔班的同學嘲弄、背後說壞話，黃雅聽到了這些不實的指控，當然予以嚴正否認，但同學們言之鑿鑿，大家開始信以為真，而黃雅覺得自己被誤解了，內心相當氣憤與難過。黃雅開始抱怨人生的不公，開始對人心的險惡感到噁心，雖然有愛著自己的父母，但去到學校就得面對侮辱、面對羞辱、面對不實謠言、面對在廁所亂潑水的同學、面對同儕的惡意嘲笑……。漸漸地，黃雅開始覺得好累，開始有了自盡的念頭。但想到心愛的父母，心中開始猶豫。

黃雅在遺書中寫著：「可能是我的內心不夠強大」、「我本來不是那樣的人，可是你們卻那樣說我」、「我恨你們」、「對不起爸爸媽媽」。悲痛的家人、驚訝的校方、卸責的同學，卻再也喚不回黃雅的生命。試想，若能回到黃雅自盡之前，若黃雅能學習著從創傷中復原、若黃雅的內心有強大的復原力，她是否就不會走上這條不歸路了呢？

霸凌受害者會有嚴重的身心困擾，例如肚子痛、頭痛、焦慮、憂鬱、懼學、自殺傾向、缺乏安全感等，其實孩子會試圖用一些行爲來讓自己好過一點，例如不去上學以保護自己、躲入電玩的世界以逃避一切、私下咒罵加害者、提升自己敵意及攻擊傾向、在網路上匿名攻擊對方等，但很多方法對受凌者來說並非有效，因爲受凌者選擇的多是迴避與攻擊策略，並無法有效因應受凌者的身心困境，也無法改善自身的受凌狀況。更嚴重的是孩子無法面對自身的身心困境，選擇以自傷或自殺來進行無言的抗議。若是孩子有健全的復原力，相信孩子在面對身心困境時，必會有所不同。

研究發現受凌者的自救之道

不少學者都曾深入探究霸凌受害者如何由創傷中復原，以下針對不同學者在二〇〇九年及二〇一〇年的研究，針對霸凌受害者運用何種療癒方式，來幫助自己由創傷中復原的發現，進行綜合說明。

一、創造意義（meaning-making）

知覺內在思維及感覺的影響，例如告訴自己「我比我想像中的堅強」；或詮釋霸凌動態關係，例如這社會就是弱肉強食，人們應該學會保護自己。

二、自我超越（self-transcendence）

例如受凌者會告訴自己，被霸凌讓我更能尊重及同理他人、被霸凌讓我學習尋求向他人求助、被霸凌幫助我培養新的興趣。

三、非暴力地展現個人力量（nonviolently claiming personal power）

他們會以不激怒他人的方式，果敢地說出自己的想法及感覺，試圖改變霸凌的動態關係。

四、寬恕原諒（forgiveness）

透過原諒對方，可以幫助霸凌受害者以正向情緒取代因霸凌事件而起的負向情緒。

主動輔導受凌者採用因應策略

綜合以上研究發現，受凌者處在身心困境時，會自己想找出因應策略來改善自己的困境。根據上述研究的因應策略，教師或家長可以加以利用，主動教導受凌孩子學習，應可有效幫助自己面對逆境更有韌性。

一、賦予意義（轉變認知）

例如教導孩子更了解人際互動有其規則、更了解自己的情緒反應、對生命存在的苦難有更多的了解、對眞正的朋友更爲珍惜等。

二、自我成長

包括提升自己的情緒管理能力；培養如畫畫、吉他、製作電腦動畫、拍攝影片、跳舞、打球等興趣；此外，提升自己的同理心，對同樣身處苦難的人給予更多的協助；甚至加強自己的應對進退能力等讓自我成長的方式，都會讓受凌者更爲豁達。

三、果敢表達

讓受凌者學習以「我訊息」來表達自己的感受與期待，進行有效的回應，例如你們嘲笑我的身材（行爲），會讓我覺得不舒服（感受），每個人本來就長得不一樣，請停止這樣的嘲弄（期待）。或是學習以善意溝通（非暴力溝通）來進行回應：你們把垃圾丟到我的書包及位置上（觀察），我覺得很難過也很生氣（感受），我在意的是大家要彼此尊重／不傷害對方（需要），請停止這樣的行爲，我覺得這樣並不好笑（請求）。

四、寬恕原諒

試著去了解霸凌者可能也身受其害，研究顯示霸凌者也有高自殺傾向，因爲霸凌者也有其行爲背後的家庭環境脈絡，也可能過得不開心……透過了解，進而學習原諒對方的不成熟行為。

以黃雅的案例來看，黃雅可以學習進行認知轉化，對自己的苦難賦予更多的意義；理解霸凌者行為背後可能的不安與苦悶，而試著寬恕，原諒霸凌者的幼稚及不成熟；學習果敢表達，以理直氣和的方式說出自己的感受及期待；黃雅若能讓自己在其他面向上學習成長，相信都能給黃雅帶來更多的、更強大的內心力量，以面對自身的受凌困境。若能如此，相信黃雅應不至於走上絕路。

44

提升網路正確使用認知與素養，可降低網路霸凌機率

小匡家教甚嚴，畢業於高中名校，因最近某科成績不理想，遭家長以剃光頭方式懲罰，小匡在ＩＧ抒發心情並自拍照片分享，結果並沒有引來同學同情安慰，反而引發同學訕笑，並轉發至其他群組。群組中接連幾個月都不時會以小匡爲話題開玩笑，讓小匡不勝其擾，甚至連小匡家長也遭到嘲笑。此事件以小陳的網路言詞最不堪入耳。

最近，小匡在班群中公開表示請勿再如此人身攻擊，他已截圖並將採

取法律途徑，如此發言卻引來小陳的譏笑，不但在班群中上傳「比中指圖片」，並在群組繼續笑小匡「幹話會講，連個屁眼都沒有」，小匡見狀憤而持續在班群中與小陳你來我往的互罵。之後，小匡一狀告到學校，學校知情後立即請教官介入處理。

網路危機四伏，因爲「匿名」、散發訊息快速的特性，有許多「正義魔人」以及渴望獲得權力、名聲威望與點閱按讚數及刷存在感的人。由於大部分的人不懂網路法律規範，甚至不經思考，就張貼訊息，即使並非有意，也會造成傷害而成爲霸凌者。以下提出幾點建議及做法，教師平時就可以宣導正確的網路認知，並且提供家長參考。

一、保持冷靜不責罵

當家長得知孩子爲霸凌者時，可能伴隨著焦慮，甚至是生氣的負面情緒，但控制好情緒才能眞正了解孩子身上發生的客觀事實，並能理解其霸凌原因，一味責怪反而掩蓋眞相，任何情緒語言只會造成溝通障礙，反而讓問題更加複雜而無法處理。每個孩子都需要正向的支持與理解才能勇於面對錯誤。

二、保留所有訊息以利於調查

不論孩子有意或無意的訊息都應保留，才能掌握該事件影響的嚴重性，才能掌握牽涉的所有人員，並能全面了解脈絡以協助網管人員或主管機構的調查。

三、通知學校與老師

網路霸凌事件大多與孩子在校人際關係有關，受凌者大多數爲霸凌者所認識的同學，通知學校與老師才能了解孩子在校人際問題，了解霸凌眞正原因，此外，學校能提供更多資源與協助，以免問題更加嚴重。

四、教導學習負責任與正確使用網路的認知

多數網路霸凌者對於網路使用規則與所牽涉的法律規定不清楚，因不了解而任意留言或按讚分享，都可能觸反《刑法》妨害祕密罪、恐嚇罪、公然侮辱罪或誹謗罪，因此有必要教導霸凌者相關知識，以了解事情嚴重性。此外，可協助霸凌者同理受凌者處境及影響，並對自己所犯的錯誤負起責任，以對於受凌者進行彌補。

五、使用網路的規定

孩子使用網路大多是在家中進行，而家長對於青少年網路使用的狀況有重要影響，研究指出民主型的管教方式孩子比較不易出現霸凌問題。換句話說，家長對於孩子使用網路應該展現開放接納與正向支持的教養態度，以開放性的態度與孩子討論網路訊息、指導孩子選擇適合的健康網路資源，以提升網路素養。然民主並非放任，因此，家長應隨時能掌握並追蹤孩子使用網路的狀況，如有任何違反規定也可採取適當

管制，如減少使用網路時間等。

六、尋求輔導協助

對於霸凌者除了培養同理心、提供服務學習機會、培養正當休閒、發展興趣以建立信心與成就感外，有些網路霸凌者伴隨著較嚴重的網路成癮問題，則須積極尋求心理專家與輔導員進行輔導治療。

以前面的小匡案例來看，小匡因爲在ＩＧ分享心情記事，而被同學持續在群組中訕笑。經反映後，同學仍無改善，尤其是小陳最爲過份，還辱罵小匡和其家長。以此案例來看，小陳就是網路霸凌者。小匡選擇與小陳對罵，這是最不宜的方式，因爲激怒對方，會使網路論戰升級惡化。小匡通報學校，並將相關截圖提供給校方，這是正確的方式，因爲小陳可能覺得自己只是在網上講幹話、說大話，並不認爲自己是霸凌者。也就是說，小陳並沒有正確的網路使用認知及素養，採用網友習慣性的辱罵言語來霸凌同學，卻仍不自知。校方進行霸凌的行政調查與處置，這會給小陳警惕；再者，讓小陳知道網路攻擊言語可能要面對民事及刑事責任，強化其法律素養，會降低其再犯狀況；最後，可教導小陳提高正確的網路使用素養，並提供輔導，協助成長並改善其不當行爲。

45

發生網路受凌立刻蒐證通報，協助受凌者脫離負面情緒

小陳一向喜歡上課發表意見，也很愛評論他人外觀及言行，對於他不喜歡的同學，小陳經常會高調批評，並在班群上留下非常負面的言語。有一次小陳在午餐時間巧遇他一向不喜歡的小研，小陳立刻偷拍小研照片，並上傳網路，因爲小研爲身障人士，小陳在照片下加注「殘破人身」、「崩塌現場」，這件事後來被小研知情，憤而提告小陳霸凌。

家家有網路、人人用網路，網路伴隨我們的生活，也無時無刻影響著我們，沒有網路、沒有手機已經萬萬不行，這樣的生活模式是過去所無法想像。此外，網路的便利性也成爲先進城市的進步指標，運用網路的能力是許多工作的必要條件。然而，也衍生了許多問題，如網路攻擊、網路成癮、網路資訊戰、網路酸民、網路假訊息、網路帶風向，甚至是網路霸凌。

現今社會上發生的網路霸凌事件，有些甚至造成難以收拾的悲劇，我們無法禁止或杜絕運用網路成爲生活、學習或工作的工具，但當我們的孩子暴露在這樣充滿誘惑與危機四伏的網路環境，很容易成爲網路攻擊的對象，如何尋求自保或協助，更顯得重要。而教導正確運用網路，也成爲現代家長或教師應該積極的作爲。如預防性教導孩子，若遇到網路霸凌時該如何處理，以及眞的發生時要知道如何協助他們。以下提供幾點建議作爲參考。

一、保持冷靜同理遭遇

師長面對遭受網路攻擊的孩子，應該採取同理遭遇的態度。因爲當孩子遭受網路霸凌後，可能會出現情緒不穩，如憂鬱、緊張、焦慮與退縮、拒學、睡眠與食慾不佳、學業表現下滑、表示想暫停使用電子設備或網路等，家長切記勿責罵處罰，以免孩子更加難堪而拒絕坦誠說明，應保持冷靜讓孩子感受安全與支持，「沒有責怪」、「沒有懲罰」的態度將降低孩子的壓力與焦慮，而「感同身受」的表達可讓孩子感到溫暖。

二、勿回應、勿評論、勿分享轉發

無論是家長或孩子，都要對訊息冷處理，並做到「三勿」。因爲網路霸凌者、網路鍵盤俠及網路酸民所產生的網路負評並不會因爲「關機」而消失，但是回應評論的行爲，只會激起更多論戰與惡意對待。因此，不聞之起舞、不跟風的態度，則是「冷卻」消息的最適當方式。

三、封鎖、截圖與檢舉

協助孩子將相關訊息或圖片保存才能爲檢舉的有力證據，多數社群媒體都會設立檢舉功能，利用檢舉封鎖相關訊息以確保社群通訊安全。孩子可能擔心再遭受攻擊而不願檢舉，可以讓孩子了解檢舉者都會受到保護，任何檢舉訊息都會保密，且阻止惡意訊息，建立安全良好網路環境，是所有網路使用者的義務，以避免再有其他網路受害者出現。

四、通報學校老師或與主管機關積極聯繫

學校向來對網路霸凌相當注視並積極宣導，而且學校擁有許多資源、輔導措施與處遇方案可以協助家長，共同建立一個保護孩子的良性網絡，當然，家長可能不信任學校，擔憂孩子因此遭遇學校任何不利對待，但尋求專業協助才能有效解決問題，讓孩子盡快恢復正常學習生活。建議撥打衛生福利部免付費專線：1925或（02）

2577-5118，網路申訴機構（https://i.win.org.tw/），或向教育部 1953 專線通報。

五、建立良好網路環境

孩子使用網路遭受攻擊，常常是因爲不了解網路的危險性，或不了解使用上的違法性所致。因此，教導孩子正確使用網路，加強資訊安全防護意識相當重要，像是如何設定密碼？如何回應訊息？如何分辨網路訊息或惡意網站？唯有了解網路法規與承擔的風險問題，孩子才能藉此學習成長。

家長應該趁早與孩子一同討論網路使用規則，例如在公開環境公共空間下使用網路的注意事項；家長也有責任檢視孩子社群訊息，以及限制特定軟體下載，因爲教養除了要關心支持，也要適時監控，而非一味縱容或嚴厲控制，唯有陪伴孩子學習成長，才能有效解決問題。

以前述的小陳及小研案例來看，身障的小研被偷拍並惡意評論，在網路上流傳，這已構成網路霸凌。對小研來說，不但被嘲笑身障，相片與不雅評論還在網上流傳，這對小研的身心健康會造成負面影響。小研沒有在網路上論戰，而是先通報學校，這是正確的做法。家長及師長可先接納並同理小研的負向情緒反應。接著，可以教導小研「寬恕」，例如，同理小陳的言行並了解其言行脈絡，理解小陳缺乏正確的網路素養，同理小陳也可能是網路惡意言行的受害者，於是也學到類似的網路言語，以此來學習寬恕小陳，以寬恕來讓自己超脫於負向情緒之外。

46

教師參與霸凌防制訓練，對防制校園霸凌有相當助益

菜鳥老師小蔡歷經多年教甄，終於如願以償當上正式老師，一心夢想著與班上同學和樂融融，希望被她教導的學生都能展翅高飛，達成夢想，因此和氣的她總希望以寬容、理解、尊重的班級經營模式來帶領班級，因此班上氣氛非常活潑。

當然也會有些過火的行動，例如本來是在教室傳接紙球，演變到後來互丟水壺，搞到同學被K到鼻子受傷流血，又如同學一言不合課堂上互

嗆。最近還出現兩段影片，影片中小蔡老師班上有一群同學圍著一個小孩推拉，還嘻嘻哈哈大開玩笑。另一段影片是一樣的小孩被一群班上同學壓制在地上，用各色粉筆塗臉，並強拉去照鏡子，被欺負的孩子哭泣不止。校方得知立刻通報並約談小蔡老師，小蔡老師卻認爲：「看起來學生只是玩過頭呀！」、「學生玩玩總會有點小摩擦。」、「這名被壓制的同學本身就有行爲問題、家裡也有問題，也不能全怪對方。」

絕大多數的教師們都相當盡責，他們只是缺乏有效的方法來處理霸凌事件。因此，以下分幾點來談談教師們在處理霸凌時可以怎麼做。

一、多參與防制校園霸凌研習訓練

教師的防制霸凌知識，其實需要與時俱進。研究也顯示，學校教職員多認為自身防制霸凌的相關訓練仍不足，同時也渴望增加霸凌事件處理的訓練。其實，學校、縣市教育局處、教育部等經常會辦理防制校園霸凌研習及工作坊，學校應鼓勵各級教職員參與這類研習，對提升教師防制霸凌的知能，大有助益。國外的研究顯示，自願參與並完成反霸凌訓練方案的教師，比較不會對霸凌事件忽略不管，而且其班上較少出現霸凌狀況，教師較有信心有效處理霸凌問題。國內邱珍琬等人的研究也顯示，接受過反霸凌訓練的教師，不論在辨識霸凌事件或介入霸凌可能性，均高於未受過訓練的教師。這些研究都指出了參與霸凌防制研習的助益。因此，教育行政端及學校端宜多辦理並鼓勵各級教職員參與校園霸凌防制研習與工作坊。

二、兼採「懲罰—發展」雙策略來處理霸凌

前文已提出，僅採懲罰的教師，對於制止霸凌效果不大，學生易再犯。但這並不

是說不能使用懲罰，而是要知道僅用懲罰的方式是不夠的。研究顯示，最能有效處理霸凌的教師，就是兼採「懲罰—發展」雙策略的教師。在規定懲罰策略方面，教師們會立下清楚明確的規範，鼓勵正向行爲，禁止不當行爲，並善用獎懲制度；在個人發展策略方面，教師們會教導學生問題解決策略、處理人際衝突技巧等，以提升學生的問題解決能力、情緒管理能力與人際溝通技巧。「懲罰—發展」雙策略併用的教師，最能有效解決霸凌問題。

三、教師表露出明確的反霸凌態度

學生們其實相當敏感，在不善於班級經營與管教的教師班上，學生可能比較放縱或肆無忌憚，班級容易失控。但教師若能清楚表露出對防制霸凌的明確態度，學生也都能感受得到。國外研究顯示，若學生清楚知覺到教師反對霸凌的態度，那麼學生涉入霸凌的狀況會明顯減少。國內賀欣音等人的研究發現，當國中學生知覺學校及教師所給予支持的程度愈高，則發生霸凌行爲、成爲霸凌者的機會愈低。這些都凸顯出學校對霸凌防制政策的支持及教師對霸凌防制的態度，對防制霸凌來說都相當重要。

四、和霸凌者對談

在〈39勿只責備霸凌者，採用傾聽回應的雙向溝通較有效〉一文中，其實已提到了，由上而下的責備，其實就是單向溝通，只會激起霸凌者的防衛機制而聽不進去。因此，和霸凌者對談最重要的原則就是要採用雙向溝通，透過提問的方式，讓孩子講出看法及感受，再慢慢引導他發現自己的錯誤。因此，教師必須要善用傾聽、提問、對話，花時間溝通彼此的想法，尊重孩子的發言權，並取得孩子對行為改善的承諾，讓孩子知道老師會關注此事，也相信孩子會做出相對應的改變與調整。可以詢問孩子「有什麼是需要老師協助的？」這樣的對談方式，較能取得孩子的接納與信任，孩子才比較可能做出轉變。

五、和受凌者對談

受凌者被欺負，身心一定會受到影響，教師的對談可以提供支持與陪伴的力量。

對話開始時可以透過閒聊的方式，關心孩子的課業、交友、興趣、家庭狀況等，秉持著關心與陪伴進行對話，有助建立安全良好的對話關係，也能有效傳達老師的關心，光是這樣的關心與陪伴，對受凌者就具有支持性的效果。其次，可以教導受凌者一些應對的技巧，可參考〈43教導自我療癒策略，增加受凌者復原力〉一文，教導受凌者運用賦予意義、自我成長、果敢表達、寬恕原諒等策略，讓自己由創傷中復原。也可參考〈38有效的受凌者輔導策略〉一文，教導孩子面對、接受及處理自己的情緒。讓孩子能在逆境中，學習成長及個人發展，提升自己的情緒管理能力、問題解決技巧、人際溝通技巧等，讓孩子具備更高的復原力及韌性。

六、善用同儕旁觀者介入策略

霸凌發生時，即使教師不在場，但基本上都會有其他同學在場。因此，同儕旁觀者若願意協助，將能減緩受凌者的痛苦。教師可以鼓勵團體中高社會地位的同學積極出面協助，因爲高社會地位學生比較不會怕被霸凌者嗆聲，也能引起更多友人出面支持。接著就是告訴學生可以怎麼做，若事件發生當下，出聲制止，就可降低事件的嚴重程度；若不敢當下出聲，也可以鼓勵學生事後私底下關心及陪伴受凌者，讓他知道自己並不是孤單面對；另外，可以立即通知師長，讓成人來處理，以上都是同儕旁觀者所能做的事。而最難的部分，是讓旁觀者願意出面協助，因爲依研究顯示，大約只有兩成的學生願意主動協助。因此，教師除需要多加鼓勵旁觀者出面協助外，也要注意保障旁觀者的身心安全，如此才能增加同儕旁觀者的協助意願。

前述小蔡老師的案例，她可能對於霸凌定義不清楚，並有著錯誤的見解，如果小蔡老師能清楚如何處理霸凌問題，並了解有效班級經營策略，明確表達自己立場，讓班級同學了解班級或學校規定，將有助解決班級問題。例如善用軟硬兼施的策略、建立起明確的霸凌防制班規及氣氛、運用提問及反問的方式讓霸凌者意識到自己行爲的錯誤、以同理及支持的態度來關心受凌者、或是請同學私下關心並陪伴受凌者，相信這些策略都能帶來成效。

47

提升孩子對霸凌定義的認識

小純是位愛好運動的國中女生，身材略為圓潤。國中時期對她來說，像是身處地獄一般。她會被同學嘲諷「長那麼胖還跑那麼快！」還有一次，她的個人信件被人拿起來唸，讓她的隱私變成了大家的笑點。同學們還會拿拖地的髒水加到小純的水瓶裡。

小純跟家人說起這事，家人的反應是「不要理他們就好！」小純也跟老師報告此事，老師因此質問加害者小沛，小沛說大家只是開玩笑，大家又沒有動手動腳，那不是霸凌。老師要求小沛道歉，小沛照著做，但小沛還是質疑小純說：「我都道歉了，妳還哭什麼哭啊？」小純覺得很無助又無奈，覺得爲何自己都被欺負成這樣了，對方卻還說這不是霸凌。

大家對霸凌的看法，其實各不相同。一樣的攻擊行爲，有人認爲是霸凌，卻有人認爲並不是霸凌。當然，學術上對霸凌有其定義，教育部對霸凌也有明確的法規定義，然而，一般師生與家長對霸凌的定義，卻不見得看法一致。因此，就會出現「受害者認爲是霸凌，老師認爲不是霸凌」、「學校認定不是霸凌，家長卻認定是霸凌」以及「教師認爲是霸凌，結果學生說沒有被霸凌」等情況，這凸顯出不同角色對霸凌定義的觀點落差。

針對不同涉入角色對霸凌的看法，受凌者及旁觀者其實比較一致，但霸凌者的看法就比較不相同。受凌者及旁觀者會認爲被羞辱、被排擠，都算是霸凌；然而，霸凌者認爲被羞辱、被排擠很輕微，不算是霸凌。

霸凌者對於霸凌的界定與嚴重度有關，也就是說言語霸凌及關係霸凌對霸凌者來說，相對輕微，算不上是霸凌。對霸凌者而言，被言語嘲諷、威脅，不過是嘴賤或是裝腔作勢，就是日常的語言習慣，怎麼會是霸凌呢？而被排擠、被破壞友誼，也不過是少幾個朋友，不過是沒有人要一起玩，朋友本來就來來去去的，這怎麼算是霸凌呢？而霸凌者會認定「打了才算」霸凌，可能與學校教育有關，因爲有人被打，在學校相對是比較嚴重的行爲，教師及主任通常會較嚴格審愼處理。於是霸凌者可能會誤以爲「動手打人踢人相對比較嚴重，學校會管」，覺得這類行爲才稱得上是霸凌。

前述的論點在於——學校會認眞介入，因此霸凌者才會將肢體攻擊視爲霸凌。但實際上，霸凌者眞的會認爲肢體霸凌比較嚴重嗎？以筆者本身二〇一五年對小學高年級學生的研究來看，霸凌者對不同霸凌類型的嚴重度看法，並沒有統計上的差別，不論是肢體、言語、關係或網路霸凌，霸凌者都認爲不是很嚴重。但受凌者及未涉入霸凌者，對四類霸凌的嚴重度認定，比霸凌者高得多，而且認爲肢體霸凌及言語霸凌，比關係與網路霸凌來得嚴重。就此研究可以理解或許就是因爲霸凌者認爲這些行爲都不嚴重、都不算什麼，於是才會用這些行爲來欺負他人。

對於霸凌者的霸凌定義及霸凌嚴重度知覺與他人不同的發現，顯示出需針對學生進行霸凌防制教育的重要性，在此提出兩點建議，供教師們參考。

一、要讓學生清楚地知道教育部的霸凌定義。

因爲對疑似霸凌行爲，教育部、學校、老師們都要依規定來判定，而不是霸凌者說了算，某些行爲若太過份，到了霸凌行爲的臨界點，學校及老師們就會開始進行處理，因此，應該讓有霸凌傾向或已經是霸凌者的學生，清楚了解教育部的霸凌定義。

而且，最好能以實際行爲案例來說明，而不要只是呈現文字定義。

二、讓學生知道大家對霸凌的嚴重度知覺都不同。

你覺得沒什麼大不了的行爲，受凌者、旁觀者等其他人，可能會覺得很嚴重。當霸凌者覺得某些行爲只是在玩或是騷擾，並不嚴重，但可能對其他人造成傷害或身心上的困擾，結果十分嚴重。因此，霸凌者要收斂這些自己認爲「沒什麼」、「不嚴重」的行爲，以免造成他人傷害。

就前述的小純案例來看，小沛作爲霸凌者，覺得自己的行爲沒什麼，認爲不嚴重，認爲只是在開玩笑，並不認爲那是霸凌行爲。小沛的狀況則凸顯出兩件事：一是小沛對霸凌的定義認識不清，不知道自己的行爲已是在霸凌他人；二是小沛和霸凌者研究中所發現的結果相同，覺得自己的行爲不嚴重。因此，必須教導小沛以提升她對霸凌定義的認識，並理解不同對象的嚴重度知覺差異，讓她清楚地知道自己的行爲造成別人的困擾，並已構成霸凌行爲。

48

協助孩子遠離霸凌的四大保護因子

小薇正準備要進入小一，小薇爸爸對新聞上的霸凌案例非常憂心，擔心女兒也會被霸凌。出於關心，小薇爸爸採用了很多方法，例如親自接送女兒上學，讓同學看到這位爸爸很兇，就不敢欺負女兒；直接組家長群組，若小孩有爭執，家長可在群組直接聯絡及釐清；提醒女兒要當乖學生，因爲老師比較喜歡聽乖學生的心聲、照顧乖學生；他也會教導女兒，若有人會搶妳的零食，要直接說「不」，並回家告訴家長；還讓小薇參加跆拳道班，學兩招功夫防身。當然也讓女兒知道，有爸爸媽媽當她的最強後盾，若遇到問題都會爲她出頭幫她處理，讓她放心。

無論家長或教師，都會想要知道可以做些什麼或是具備什麼要素，才可以保護孩子遠離霸凌，也就是想知道有哪些保護因子可以預測出霸凌事件較不易發生。因此，在此針對幾項保護因子來進行討論。

一、與個人因素有關的保護因子

就霸凌者的相關研究來看，二〇一四年一篇源自澳洲的研究顯示，青少年若負向反應較低（low negative reactivity）、具備高社會技巧等，乃是避免霸凌者在成年後成爲反社會行爲者之保護因子。其他研究則顯示，高社會情緒能力及同理心，能預測出較低的霸凌發生率。再以二〇一九年的後設分析研究來看，綜合整理數個研究後發現，對傳統霸凌來說，高學業成就、高社會能力，乃是預防霸凌的保護因子，具有中度效果量。由這些研究來看，若要避免孩子成爲霸凌者，可以試著改善孩子的情緒管理能力，不要遇事卽衝動回應；也可試著提升孩子與學生的人際關係技巧，以降低人際衝突的可能性。其他可努力方向則包括增加同理心、提升學業成就等。

就受凌者的相關研究來看，二〇一四年的澳洲研究顯示，具備高社會技巧、瞭解學校運作系統是爲避免受凌者憂鬱之保護因子。其他研究則顯示，高學業成就及高社會技巧，能讓受凌者在日後較少有憂鬱傾向；至於高同儕支持、高同儕地位，也是防範受凌的保護因子。就此而言，若要避免孩子成爲受凌者，可以試著改善孩子或學生的社會關係技巧，因爲人際溝通佳，有助改善社會地位及同儕支持度、降低與他人的衝突。其他可努力方向則包括改善學業成就等。

二、與同儕因素有關的保護因子

在兒童後期及青少年階段，特別容易受到同儕的影響。若交到壞朋友，可能就被帶壞。若是交到霸凌者的朋友，也可能會涉入霸凌。研究也支持此論點，與反社會同儕組織較少聯繫互動，爲避免霸凌者日後成爲反社會行爲者之保護因子，也就是說，避免與霸凌者當朋友或是與反社會行爲的同儕當朋友，較不會被帶壞。

另外，有高同儕地位與高同儕支持，較不會涉入各類霸凌事件。享有高同儕地位與高同儕支持，有衆多朋友支持，自然較不會成爲霸凌者鎖定的對象。但是，有一點要特別注意，若是善於影響同儕，善於使喚同儕，反而較有可能會涉入霸凌而成爲霸凌者，這在關係霸凌上特別明顯，例如善用個人影響力來集合衆人排擠他人。就此而言，若要避免孩子涉入霸凌，就要關心孩子的交友狀況，勿誤交損友，以免受影響。另外，強化孩子的人際關係技巧，孩子人緣好，社會地位高，同儕支持多，自然就比較不會被霸凌。

三、與家長因素有關的保護因子

家長與孩子的關係若是密切，能與孩子保持正向關係，具有良好的溝通及生活關注，是防止孩子涉入霸凌的保護因子。具體而言，父母和孩子應密切互動及多溝通，父母能監管孩子的作息、上網情況及品行，父母能關心孩子的課業與生活，爲孩子提供支持、陪伴、溫暖等，在這類家庭中成長的孩子，較不會變成霸凌者或受凌者。

四、與網路使用有關的保護因子

若讓孩子人手一支手機，還能無限上網，這樣的孩子容易成爲網路的重度使用者，或變爲網路成癮者。網路的重度使用與涉入網路霸凌與網路受凌有關，例如整天玩線上遊戲，可能就容易被網友或隊友霸凌；整天逛網路論壇發表意見，就容易被網友霸凌；整天在班網或群組中與人鬥嘴，就可能容易被同學或朋友霸凌。

此由可知，使用網路頻率較少是網路霸凌及網路受凌的保護因子。但並不是不能使用網路，而是要在家長監管下合理使用，而且要提升孩子的網路素養，如辨別哪些網站不能上，哪些網路留言具有攻擊性，不該使用，也不必回應。此外，不能讓上網影響作息，使用時間要有所節制。也要注意網路安全，如不要外洩帳號密碼給朋友，不能亂傳裸照或影片給朋友或網友，而若被網路攻擊要盡速找人協助等，這樣的孩子就是具備正確的網路資訊素養，較不會涉入網路霸凌。

再回到案例，小薇爸爸爲了保護女兒以免涉入霸凌，採用了不少的方法。這些策略裡面，能有效預防霸凌的是「果敢溝通技巧」，就是教導孩子用和氣而堅定的方式說出自己的想法及感受，而不是激怒對方。另外，小薇爸爸相當關心女兒，與女兒有正向的溝通，這是霸凌的保護因子之一。但讓同學看看這位爸爸很兇、讓女兒學跆拳，可能就是較無效的霸凌防制策略。

特別篇

管教與霸凌的一線之間——教師霸凌

教師的嚴格管教形成霸凌是需要探討的議題，自我檢視管教行為與環境，只要用心就可以做好適當調整。

49

教師霸凌判定四大要件

江老師在學校內相當「有名」，讓她出名的是師生衝突相當嚴重。學務處及教務處的同仁經常在協助她的班級事務及班上學生或親師衝突問題；歷屆的學務主任及教務主任，甚至於校長，都和江老師私下談過，希望她能夠調整班級經營的方式，提醒她某些容易造成家長或學生「誤會」的管教行爲，盡量不要使用。而江老師雖當下應允，但卻不認爲自己的管教有什麼問題。因爲同樣的管教方式，江老師說對其他學生有效，對部分冥頑不靈的學生無效，可見是學生自己的問題。

學校私下探究了她的管教方法，發現她是採用責罵（羞辱）、警告（威脅恐嚇）、自我檢討（隔離排擠）、處罰（身心虐待）。當校方提醒她不要採羞辱的方式管教，她說自己是在學生犯錯了之後責罵及引導改正；校方提醒她不要採威脅恐嚇的方式管教，她說自己是在警告學生勿再犯；校方提醒她不要採隔離排擠學生的方式，她說那是利用同儕壓力讓學生能自我檢討；校方提醒她不要採過度近乎身心虐待的管教，例如一個月都不准下課、罰寫一千次……之類的處罰，她說那就是嚴管嚴教，嚴師才會出高徒。然而江老師每屆都會有班級學生家長，向校方提出抗議，說江老師霸凌學生，孩子出現拒學、掉髮、自傷現象，但江老師一貫捍衛自己的管教方式，說那只是嚴管嚴教，如不願服從其管教方式她會放生不管。

由於家長及教師雙方各說各話，校方基於尊重老師也不敢入班觀察，於是只能安撫家長及提醒江老師，但類似狀況一再發生。教育局處曾發文要學校妥善處理，督學也曾到校關心，但江老師的管教方式改變不大，因爲她一直認爲自己的管教沒有問題，是學生及家長才有問題。

上述的案例，爭議點在於什麼是教師霸凌（師對生的霸凌）？和嚴管嚴教有何不同？因爲教師方認爲自己是嚴管嚴教，家長及學生認爲是教師霸凌，在不同的觀點及見解之下於是有了衝突。其實，教師霸凌的定義，和〈01「校園霸凌防制小組」的調查與判定〉一文中提到的校園霸凌的定義一致。若是江老師的案件被送到校事會議進行調查[4]，其判定方式一樣是看教師行爲是否符合持續、侵害樣態、故意行爲、損害結果等四大要件。

一、持續

江老師的行爲在所帶的歷屆學生中都會發生，而且各種行爲樣態都有。當屆學生也經常被江老師特殊對待，因此有符合持續之要件。

二、侵害樣態

江老師會採用羞辱、威脅恐嚇、隔離排擠等方式，因此符合侵害樣態之要件。

三、故意行爲

江老師明知其後果而執意爲之，江老師是爲了讓學生有羞恥感而用羞辱方式、爲了讓學生行爲收斂而採用威脅恐嚇，知道羞辱及威脅恐嚇會產生負向結果，仍採用此

4 原有規定爲疑似教師霸凌要送到「校園霸凌防制小組」進行調查審議，唯二〇二三年下半年會進行「高級中等以下學校教師解聘不續聘停聘或資遣辦法」修正，會將教師霸凌移至「校事會議」進行調查處置。相關內容及程序請以修訂通過後之法規條文爲基準。

方式，可說符合故意行爲。值得注意的是，若江老師說自己的動機是爲了學生好，並不是故意的，若以臺教學（二）字第1080044103號的函文意旨來看，並不因教師主觀動機而認定之。也就是說，就算江老師說自己是出於教育目的，若行爲造成學生身心受創，仍屬於違法處罰或教師霸凌。

四、損害結果

江老師班上的特定學生，出現了拒學、掉髮、自傷現象、處於不友善的學習環境之中（被隔離排擠），於是符合損害結果的要件。

就此來看，江老師眼中的嚴管嚴教行爲，事實上已構成了教師霸凌，只是江老師自己並不清楚。這就點出了相當重要的一個議題——教師對管教行爲及教師霸凌行爲的界限，其實並不清楚。有些老師認爲「自己的管教方式沿用多年都沒問題，爲何到近年卻變成了教師霸凌行爲？」

其實，並不是這些行爲沒有問題，而是這些行爲對學生所造成的傷害，在過去並未被正視，近年開始正視部分管教行爲對學生造成的傷害，於是才產生了「爲何過去都可以用，現在卻不行的疑惑」。另外，若江老師說自己的管教行爲只是嚴管嚴教，不屬於侵害樣態，而學校及家長卻認爲教師的管教有問題，到底要以誰的角度來判定呢？最簡單的做法，就是由中立的第三方來判定，如學校教師同仁或教師霸凌調查小組，若這些中立第三者都認爲管教行爲出現問題，那麼江老師可能要反省檢討自己的管教方式了。對江老師來說，她最需要的是知悉自己的部分管教行爲屬於違法處罰及教師霸凌，並積極改變自己的管教方式，這才是正本清源之道。

50

教師可以處罰學生，但要謹慎遵守合理界線

蔡老師是位相當敬業負責的中學老師，校方也知道他以嚴管嚴教出名，會採用責罵、罰站、罰寫、沒收等方式來管教，學生也經常抱怨蔡老師太嚴格了，有點不近人情。但在升學取向的中學裡面，蔡老師帶出來的學生成績都還不錯，所以家長也沒什麼太多的意見。近年來，教師霸凌的新聞愈來愈多，蔡老師也意識到這件事，但卻有點不以爲然，「若處罰學生就是教師霸凌，那以後還有誰敢管學生，讓學生自生自滅就好了啊！」

從案例故事中可以發現，蔡老師將教師霸凌及處罰產生了連結。其實，這樣的連結相當正常，因爲大多數的教師霸凌案件，都是由過度處罰所衍生。而蔡老師擔心的是不知道哪些處罰會超出教師霸凌的界線，也就是說，不知道哪些處罰方式可以用，哪些處罰方式不能用。

這就要回歸到教育部所公布的「學校訂定教師輔導與管教學生辦法注意事項」，該辦法中對處罰的定義是「指教師於教育過程中，爲減少學生不當或違規行爲，對學生所實施之各種不利處置，包括合法妥當以及違法或不當之處置；違法之處罰包括體罰、誹謗、公然侮辱、恐嚇及身心虐待等。」也就是說，處罰作爲管教方式之一，若是採用合法妥當的方式進行處罰，自無疑義。但若是採用了違法處罰，如體罰、侮辱、恐嚇、身心虐待，就有可能會逾教師霸凌的界線。

關於合法與違法處罰，同樣由教育部所公布的「學校訂定教師輔導與管教學生辦法注意事項」所規範。第二十二條中列出了教師得採取的一般管教措施，例如口頭糾正、調整座位、書面自省、列入日常生活表現紀錄、通知家長、要求完成未完成之作業、適當增加作業、限制參加正式課程以外之學校活動、靜坐反省、站立反省、暫時特別座、行爲當日暫時轉送其他班級學習、書面懲處等，都是教師可採用的一般管教措施。

然而，若是這些一般管教措施違反了但書，如造成學生身體不適、忽略上廁所或生理日等生理需求、或是造成學生身心侵害，這樣的管教可能就會變成是違法處罰或是教師霸凌。以下點出幾項教育界常見的管教方式來進一步探討：

一、責罵或是羞辱

教師可採用口頭糾正的方式來進行管教，俗話說「愛之深責之切」，教師常會採用責罵或是口頭糾正來引導學生改正錯誤行爲。但若是採用過度言語，如「你屢勸不聽，叫你改都不改，沒救了，狗教個三、五次都學得會，你連狗都不如……」這就不是口頭糾正或責罵了，這是言語羞辱或言語霸凌。因爲這些不當言語會對學生造成身心損害的後果。

二、警告或是威脅

教師口頭管教時，有時會用口頭警告方式，例如再犯就移送學務處、再犯就通知家長、再犯就罰站十分鐘等。這些其實都只是口頭警告，並不算是威脅恐嚇。因爲這些措施都是一般管教措施，並不是侵害行爲，也不太可能造成損害後果。但有部分教師會採恐嚇威脅的方式，例如把你的事公告給全世界，讓你丟臉；再不聽話就打斷你的腿；再不聽話就把你爸媽的醜事公告給全校知道……這樣的言語方式，就可能是恐嚇威脅，因爲是採威脅造成羞辱的方式，這就有可能變成違法處罰或是教師霸凌。

三、調整座位或是特別座

教師可調整學生座位，一般而言會在月考後換一次座位，這屬於教師合理管教的範疇。依教師輔導與管教辦法第二十二條第十四項來說，暫時與其他學生保持距離，只能以兩堂課為限。若教師限定特定學生坐在特別座，時間達一週、一個月或長達一學期，則可能有標籤化的問題，也有可能讓學生被歧視或排擠，這就有可能變成違法處罰或是教師霸凌。

四、罰站的限制

教師對於部分有問題行為的學生，會要求學生罰站，依教師輔導與管教辦法第二十二條第十三項來說，可要求站立反省，但每次不得超過一堂課，每日累計不得超過兩小時。若教師要求學生罰站半天、一天，這就有可能變成違法處罰或是教師霸凌。

五、罰寫的限制

教師對於不交作業、有行為問題的學生，有時候會要求學生罰寫。依教師輔導與管教辦法第二十二條條第八項來說，教師可適當增加學生作業。也就是說罰寫其實是合法管教的措施。然而，採用罰寫其實是相當不合適的措施，因爲增加作業量或練習量都是以「學習」作爲處罰。當學習對學生來說變成處罰的時候，學生自然不愛學習，甚至放棄學習。換言之，罰寫事實上是一種反教育的管教作爲。在教育現場，偶爾會見到教師處罰學生罰寫五十遍、一百遍，或是罰寫抄第一到第十課的課文一遍，若罰寫超過學生身心負擔，過度罰寫就變成了身心虐待，於是成爲違法處罰或是教師霸凌。在教育現場曾見過學生欠了超過一千次的罰寫，每節下課時間都在罰寫，這其實已逾身心虐待。濫用罰寫的教師，其實可能已構成教師霸凌行爲而不自知。

六、禁止下課的限制

先前在新聞上炒得沸沸揚揚的議題，就是依照兒童權利公約，避免以限制下課作爲管教措施。這引起了現場教師超大的反彈，因爲下課時間不能管教就代表要移至上課時再管教。後來教育部出面澄清，旨在提醒教師避免造成「應下課而未下課」之情形，在下課時間若學生有違反常規之情形，教師仍可實施一般管教措施。簡言之，就是原則上不得禁止學生下課，但若學生違反常規仍可在下課實施一般管教措施。在教育現場，曾見過學生被教師處罰，一個星期或兩個星期從來沒有下過課，都在教室罰坐、罰寫、罰站。其實罰坐、罰站等處罰並無太大的問題，問題在於學生若一整天、一或兩個星期從來沒有下過課，這可能就構成了身心虐待，於是成爲違法處罰或是教師霸凌。對於好動的學生，他們需要的是在戶外發洩精力，禁止下課只會讓他們的精力無處發洩，於是在課堂上可能會產生更多的干擾或不專注行爲。禁止下課，除了有違反兒童權利公約的疑慮，也會讓學生在上課時更不專注，可說是弊多利少。

七、沒收的限制

在教育現場，偶會見到學生攜帶電子菸、漫畫、蝴蝶刀、打火機、玩具槍、雙截棍、打火石……等物品。校方或教師基於學生安全的理由，會採用沒收方式來處理。依教師輔導與管教辦法第三十條來說，若是發現刀槍毒品，要通知警察機關來處理。若學生攜帶的是菸酒、色情書籍、檳榔等違禁品，則可暫時保管、通知家長領回或移送相關權責單位處理。在教育現場會造成爭議的做法，是學生攜帶了漫畫或手機，被沒收後不歸還給學生，這可能會侵害到學生的財產權，於是成爲違法處罰。有些比較過份的做法，是燒了漫畫、摔學生手機、剪破韓星雜誌，這有可能成爲違法處罰或是教師霸凌。

八、不准學生參加畢業旅行或校外教學

有些教師擔心部分學生過於調皮，會影響校外教學安全與管理，於是禁止特定學生參加畢業旅行或校外教學。就「教師輔導與管教辦法」第二十二條第十項來說，教師不得限制學生參與正式課程，這會影響學生的學習權，而畢業旅行或校外教學都是學校的正式課程，禁止學生參加可能就會成爲違法處罰或是教師霸凌。

就前述的分析來看，教師管教行爲若是在合理範疇內，就屬於一般教師管教措施，例如口頭警告或調整座位；類似的管教行爲若超過合理範疇，可能會淪爲違法處罰或是教師霸凌，例如威脅恐嚇或整學期的特別座。因此，教師及家長們可能要先了

解教師輔導與管教辦法的內容，了解一般管教措施與違法管教措施的差別。最簡單的判斷原則，就是教師管教是否會造成學生的身心傷害。若是造成身心侵害，可能就是違法處罰，過於嚴重可能就成爲教師霸凌。

至於違法處罰與教師霸凌的差別，可能在於頻率的差別。因爲兩者都是造成學生身心損害的行爲，但是教師霸凌必須要符合持續要件，也就是持續性對學生身、心、物、權、學習上，造成不利影響或侵害的違法管教行爲，就是教師霸凌。

回到前述案例，蔡老師以嚴管嚴教出名，他使用的責罵、罰站、罰寫、沒收，其實都還算是一般管教措施，看來並未逾違法處罰或教師霸凌的界線。其實，教師還是可以採用適度合理的處罰措施，只要小心不要逾越合理管教的界線，不要造成學生身心傷害，那麼就不用擔心會變成違法處罰或是教師霸凌。

51

處罰與威權管教，稍一不慎就會越界成爲教師霸凌

張老師在戲曲學院任教，他從小就是練家子，自身就是戲曲背景出身，以往所受的教育就是打罵教育，表現不好就是被打、被踢、被罵，猶如家常便飯，自幼就謹記「好好表現、不要犯錯，自然就不會被打被罵」。張老師的受教背景，讓他對體罰或肢體虐待這件事相當習以爲常。

張老師身爲戲曲學院教師，在教書時以嚴格出名，學生表現不好就會被他破口大罵，如「這麼笨，講過幾次了，手要高、腰要彎，你是聽不懂

人話是不是？」、「同學都可以，就你不行，你是不是腦子有問題，要不要去醫院檢查？」、「你爸媽送你來是浪費錢，你是浪費力氣，我是浪費唇舌，沒用的人直接休學算了！」偶爾，情緒激動起來，還會出腿踢人。學生們都不敢出聲，只能默默忍受。但現在是數位時代，有同學用手機錄了下來，張老師的言行及體罰於是曝光。

從前述的例子來看，張老師的不當言行似乎與受教背景有關。除此之外，還有哪些因素會使老師們可能展現教師霸凌行為，以下進行分點討論：

一、混淆合理管教及教師霸凌

當老師不知道合理管教及教師霸凌的界線，自然就會採用不當管教或霸凌行爲來管教學生。例如學生作業沒寫完，就不准吃午餐。對部分老師來說，這是警告或提醒，是希望學生快寫作業，部分老師認爲這並沒有什麼大礙。但是，就該管教行爲本身來討論，禁止吃午餐會危害學生身心健康，這屬於違法處罰；數次禁止學生吃午餐，這就淪爲教師霸凌行爲。若老師將教師霸凌行爲誤認爲合理管教，自然就會繼續使用。

二、有效就會繼續用

教師最常用的管教策略之一，就是處罰法。老師們也認爲處罰很有效果，這就是「知覺有效性」。然而，筆者曾問現場教師，「若處罰有用，爲何學生下週還會出現一樣的錯誤？」老師們大多沉默不語。處罰的效果其實相當短暫，因爲它是以恐懼爲本，來制止特定行爲；所以長期來看，處罰的效果並不佳。不過，教師還是常用處罰，因爲能產生立即效果。教師霸凌行爲也是一樣，若老師採言語羞辱或恐嚇後，有立即效果，有些老師們就會繼續使用。

三、教師工作壓力與職業倦怠

當人在低潮期時，情緒容易失控。同樣的道理，當老師壓力過高或有職業倦怠，如不想教書、不想處理學生問題、不想改作業、不想和同事講話……此時，若在遇到複雜的學生問題行爲，教師可能會容易失控，於是做出不當的管教行爲或霸凌行爲。

四、師生關係不佳或高師生衝突

這一項是教師霸凌的重要指標。要找到有霸凌行爲的教師，其實可從容易發生師生衝突問題的班級來著手。學生問題屢見不鮮，老師用了不合適的班級經營方法，學生反彈或不聽話，老師又再度採用更不合適的管教法。如此，師生衝突自然高漲，師生關係當然不佳。若教師試圖以升級的手段來「壓制」有問題行爲的學生，所謂的升級，可能就是會變成身心虐待行爲、教師霸凌、體罰、恐嚇威脅等。

五、威權管教

所謂的威權管教，就是高控制、低關懷型的教師，著重於命令與服從，善於使用處罰及獎賞。值得注意的是，並不是所有威權管教的教師都會教師霸凌，而是威權管教下可能逾越了合理管教界線卻不自知。例如有些教師自認為自己是教室中的國王或女王，一切都是由教師說了算，也就是由威權進階到獨裁，這一類型的教師就很有可能會出現霸凌行為。

六、以往的受教經驗

教師以往的受教經驗，包括學校教育或家庭教育，若曾有過被羞辱、體罰的經驗，那麼很有可能會再製到自己的教學中。其中一個解釋是觀察學習，從之前的教師及父母身上學到言語羞辱及體罰的方式；另一個解釋是自身認知基模中的管教方式太少，可憶及的都是羞辱或體罰，於是在檢索可行的管教策略時，就只能檢索到羞辱或體罰法。

七、少參與班經研習

就教育現場來看，會採用霸凌行爲的教師，其實相當少參與班級經營的研習。這類型的教師一則認爲自己的方式有效，所以不需要去參考其他策略；二則認爲其他方法都只有理論或空談，沒辦法運用到現場中。

回到張老師的案例來進行分析，由於自身受教經驗，由師長或父母身上學到不好的管教方法，並運用到自己的教學中。但也有可能張老師本身就較具威權傾向，習慣採用威權或獨裁的管教方法，而他覺得這些方法有效，就會繼續採用。

這類型的老師並非沒辦法改變，而是需要有合適的機會、環境、專業協助與監督。若霸凌教師意識到霸凌及違法管教可能會讓自己被解聘，那麼他們自然會收斂。至於缺乏合適合用的管教方法，則需要透過在職進修、專業協助與督考，才有機會發展出正向管教法。

52

易發生師生衝突的學生，也是教師霸凌的高風險對象

光強出身於不利家庭，在學校也常常出狀況，和同學與老師的衝突相當多。魏老師對於光強其實相當頭痛，講也不聽、罵也不聽、罰站也沒有用，試圖聯絡家長也幫不上忙。

魏老師與光強的衝突愈來愈嚴重，魏老師想用更強硬的方法來訓化光強，包括用羞辱、恐嚇、長時間罰站、不准吃午餐等等。但這些方法似乎只能帶來短暫的成效，光強的問題行爲仍時常出現。魏老師的強硬手段，

對吃軟不吃硬的光強來說，似乎成爲引戰的火種，雙方的衝突似乎成爲師生間的戰爭，光強也痛苦，魏老師也疲累。

光強的案例，並非個案。有一些類型的學生，似乎比較容易成爲教師霸凌之標的，以下分別進行探討：

一、低社經家庭學生

有研究顯示，低社經家庭的學生，似乎比較容易成爲教師霸凌的對象。可能因爲低社經家庭的學生，家長爲了經濟壓力，較沒有時間關注孩子的言行舉止等教養問題，孩子的言行習慣可能與一般學校學生的言行較不相容，於是在學校就很容易出狀況。

二、易與教師起衝突的學生

有些學生的情緒表達較爲強烈，有些學生說話較口不擇言，有些學生的生活習慣不佳讓教師很頭痛……。這些學生們，由於言行、衛生、情緒、交友問題，使教師需要花更多心力管教，學生又可能不服管教或對管教方法有意見，就容易產生師生衝突。

三、有行爲、情緒或注意力問題的學生

有些學生比較白目，會騷擾其他同學，易引起同學們或教師的厭惡。有些學生情緒暴躁，容易失控；有些學生上課愛亂舉手、亂講話，讓老師及同學都很受不了；還有些學生注意力不足，過動上課難專注，東摸西摸或找同學說話……像這些學生，教師都要額外多花時間來處理這些行爲問題，會讓教師比較頭痛。

不論是低社經家庭學生、高師生衝突下的學生、有行爲或情緒或注意力問題的學

生，這些學生的共通點，就是有較多言行問題而導致高師生衝突。簡言之，這些高風險學生（at-risk students）就是被教師霸凌的高風險對象。可能因爲這些學生缺乏良好的言語辭彙、行爲習慣、社交技巧，易與同學起衝突，易激怒其他師生，使得教師要花很多心力來解決這些問題。教師在管教上若逾界線，就成了教師霸凌。

回到光強的案例，他出身不利家庭，可能沒辦法從家長身上學到良好的對話或情緒管理技巧。再者，光強與同學或老師起衝突的原因，可能就是因爲光強有行爲或情緒問題，而不見容於班級之中。光強與魏老師的衝突似乎相當激烈，光強屢勸不聽，魏老師爲了訓化光強而不斷升級自己的管教方法，只是已逾教師霸凌的界線而不自知。

其實，光強就是典型的高風險學生，魏老師可能會怪罪（外在歸因）於光強，因爲光強不受教且問題太多等。但是要注意，學生的不當行爲，並不能成爲教師霸凌的合理化藉口。要改善這個案例，魏老師要知悉自己的管教方法有部分已逾教師霸凌行為，必須要收斂，並改用其他正向管教或有效的管教方法。光強則需要導師、輔導老師、校方的協助，引導他建立良好的行為習慣、溝通技巧和情緒管理技巧。如此，才能有助於降低魏老師與光強間的衝突。

53

師對生霸凌以專屬程序調查，由校事會議決議處理方式

劉媽媽發現兒子小魯在學校過得並不開心，試圖和導師趙老師討論如何改善，但趙老師就只是一直抱怨小魯的行爲及學習問題。劉媽媽問了數次，想了解小魯在學校發生了什麼事，小魯終於坦言，自己在學校有一些狀況，被趙老師叫起來罰站一整天，又不准下課休息，罰寫已累積了數百次都寫不完，在課堂上常被罵白痴、沒用的人類、沒救的廢物等。劉媽媽發現不對勁，想再找趙老師溝通，但情況依舊，趙老師一直抱怨小魯的問

題，說自己只是嚴格督導及糾正小魯罷了。

劉媽媽不忍心小魯被欺負，於是向學校申訴，說自己的小孩被趙老師霸凌，要申請教師霸凌調查程序。校方非常嚴肅地進行校園霸凌的通報及調查程序。趙老師覺得自己很無辜，只是嚴格管教也要遭致行政調查；劉媽媽及小魯覺得自己很慘，因爲被趙老師欺負而身心痛苦；校方覺得很意外，想要進行公正的調查，以維公道。

趙老師的疑似教師霸凌案件，若被學校知悉，學校要依規定進行通報及調查。和生對生霸凌的〈25孩子疑似霸凌者，學校五步驟處置〉一文所述相同的是，都會依據

「校園霸凌防制準則」中的霸凌定義來界定；不同的是，生對生霸凌是依據「校園霸凌防制準則」中的調查程序，師對生的教師霸凌則是依據「高級中等以下學校教師解聘不續聘停聘或資遣辦法」來進行調查[5]。處理教師霸凌的相關程序說明如下：

一、向學校或主管機關檢舉

受害學生或是家長，可以用書面或電子通訊方式，向學校或主管機關進行檢舉。也可用言語方式向學校檢舉，而學校仍要協助塡寫爲書面內容並簽名。家長要記得保存與事件相關的證據及資料，包括人證、物證、錄音、醫療證明、作業本、聯絡簿等，此事至關重要，因爲學校會要求受害學生及家長提供相關資料來進行佐證。値得注意的是，這些檢舉不見得都會被受理，尤其是非屬體罰或霸凌、沒有具體內容，以及下列狀況：如同一案件已不受理或已作成實體決議、檢舉人沒有具名、或明顯不可能成立的案件等。學校會在檢舉後二十天內，通知當事人檢舉案是否受理並告知理由（相關規定請依二〇二三年下半年修訂通過之法規條文爲準，以下同）。

二、學生不願到校或不願入班的處理

學生疑似被教師霸凌後，可能會有不願上學的情況，這會影響到出缺席紀錄或成績。此狀況可請學校彈性處理受害學生的出缺席及成績。必要時，也可請學校安排，讓受害學生暫時安置到其他班級或者依相關程序進行轉班。

三、召開校事會議並進行調查

學校在接到教師霸凌檢舉案的七天內，要召開校園事件處理會議（簡稱為校事會議）。校事會議由校長、行政人員、家長代表、教師代表、學者專家等人員組成。若校事會議認為情節未嚴重到要將教師解聘停聘不續聘（教師法第十四條至第十六條

5 二〇二〇年七月修訂的校園霸凌防制準則，生對生霸凌及師對生霸凌，都是依據相同規範及程序來進行調查。二〇二三年下半年分別修訂「校園霸凌防制準則」、「高級中等以下學校教師解聘不續聘停聘或資遣辦法」，將生對生霸凌及師對生霸凌的處理程序分開。現有資訊是依教育部修正草案進行撰寫，相關內容及程序請以修訂通過後之法規條文為基準。

或第十八條），會由學校直接派人員進行調查；若校事會議認爲情節涉及教師法第十四條至第十六條或第十八條，疑似霸凌的教師有可能會被解聘停聘不續聘，那麼就要組成外聘的調查小組，來進行調查與訪談。受害學生、家長、檢舉人要配合進行調查，提供相關文件資料並陳述意見。

一般來說，調查小組會約談雙方當事人，即教師及受害學生，並會詢問相關人，以避免雙方各說各話。若當事人及相關人無法到場陳述，可以用書面方式來陳述意見。這些調查原則上會在二個月以內完成，但若案件複雜則可能會延長到四個月以內完成。調查報告完成後，校事會議會依調查報告及其他具體證據，來認定事實並作成決議。

四、移送教評會或教師成績考核會進行處置

若教師霸凌屬實，會移送到教評會或教師成績考核會來討論，並進行相關處置。若情節嚴重，違反教師法第十四條之一、第十五條之一，則會進行終身解聘、或解聘一～四年；若教師體罰、霸凌、違法處罰的情節重大或情節輕微，可能會依公立高級中等以下學校教師成績考核辦法第六條規定，進行記大過、記過、記申誡等不同的懲處。

五、陳情與行政救濟

由於事涉師生雙方，不論最後的決議為何，想必都會有任一方不滿而欲尋求救濟。若是被害學生及家長對學校最終決議有所不服，則可向學校申請調查報告，並透過書面或電子通訊方式向學校主管機關陳情；若是涉事教師，也可向學校申請調查報告，並依教師法對學校的決議及處分提出申訴及再申訴，或向學校的上級機關提出訴願，最後則可向行政法院提出行政訟訴。

回到案例，若從劉媽媽角度來看，她要做的就是要以書面或電子通訊方式具名向學校檢舉教師霸凌案，學校確定受理後，就會召開校事會議進行後續的調查與審議。劉媽媽及小魯在調查前及調查中必須要保存並提供事件相關的證據及資料，這對後續事件的調查及判定有很大的影響。在調查時，劉媽媽可以法定代理人的身分陪同小魯出席接受訪談。並視小魯的需求，請學校協助暫時安置小魯到其他班級。最後，若是對學校的調查及決議有所不滿，則可向縣市教育局處陳情；也可以針對案件調查程序或事實認定是否有重大瑕疵，提出證據來進行陳情，教育局處可要求學校重啟調查。

從趙老師的角度來談，若他自認自己屬於正當管教或違法處罰，卻被校事會議判定爲教師霸凌，因爲事涉解聘、停聘、不續聘或其他行政懲處，因此趙老師可針對案件調查程序或事實認定是否有重大瑕疵提出證據，依法提出申訴、再申訴、訴願、行政訴訟，這是對教師身分及權益的合法保障。

這樣的行政及救濟程序，其實相當冗長，因爲校事會議的開會、調查、延長調查、決議、寄發通知等過程，可能需要一學期的時間，更何況趙老師還可依法提出申訴、再申訴、訴願、行政訴訟，這可能又會花費更多的時間。這個過程，無意對於小魯、劉媽媽、趙老師、校方承辦人員都相當煎熬。

因此，最好的方法就是預防勝於治療，在師生發生衝突時，就要及早化解，而教師應採正向管教，學生多學習人際溝通及情緒管理技巧，這樣就不至於會惡化演變成教師霸凌的情況。

學習與教育 248

是不是霸凌，誰說了算？

直擊 50+ 教育現場實況，給第一線親師的防制霸凌實踐指南

作者｜陳利銘、薛秀宜
責任編輯｜葛晶瑩、蔡川惠
校對｜魏秋綢
封面設計｜周家瑤
內頁排版｜賴姵伶
行銷企劃｜溫詩潔

天下雜誌群創辦人｜殷允芃
董事長兼執行長｜何琦瑜
媒體產品事業群
總經理｜游玉雪
副總經理｜林彥傑
總監｜李佩芬
行銷總監｜林育菁
版權專員｜何晨瑋、黃微真

出版者｜親子天下股份有限公司
地址｜台北市 104 建國北路一段 96 號 4 樓
電話｜ (02)2509-2800　傳真｜ (02)2509-2462
網址｜ www.parenting.com.tw
讀者服務專線｜ (02)2662-0332　週一～週五
09:00~17:30
讀者服務傳真｜ (02)2662-6048
客服信箱｜ parenting@cw.com.tw

法律顧問｜台英國際商務法律事務所 ・ 羅明通律師
製版印刷｜中原造像股份有限公司
總經銷｜大和圖書有限公司　電話｜ (02)8990-2588

出版日期｜二〇二三年 8 月第一版第一次印行
二〇二三年 10 月第一版第二次印行
定價｜ 450 元
書號｜ BKEE0248P
ISBN ｜ 978-626-305-569-8 (平裝)

國家圖書館出版品預行編目 (CIP) 資料
是不是霸凌，誰說了算？: 直擊 50+ 教育現場實況，給第一線親師的防制霸凌實踐指南 / 陳利銘，薛秀宜作 . -- 第一版 . -- 臺北市 : 親子天下股份有限公司，二〇二三 .08
面 ; 公分 . -- (學習與教育 ; 248)
ISBN 978-626-305-569-8(平裝)
1.CST: 校園霸凌 2.CST: 問題學生輔導 3.CST: 教育政策

527.4　　112013407